QUAND J'ÉTAIS SUPERMAN

RAPHAËL POULAIN
En collaboration avec Thomas Saintourens

QUAND J'ÉTAIS SUPERMAN

récit

ROBERT LAFFONT

ISBN 978-2-221-12687-5

Prologue

Avril 2010

Quatre-vingt-dix euros en pièces et petites coupures déforment les poches de mon jogging molletonné tout usé. De mes grosses paluches, je réajuste un petit cadre rose, bien en évidence sur la table devant moi. Il représente un clown triste. C'était à ma sœur. Il est midi, rue Vercingétorix. C'est jour de vide-grenier. Je vends mon passé pour avoir de quoi bouffer. Besoin d'y voir un peu plus clair sur mon avenir. Chemises Armani à 8 euros, du Cerutti, du Lacoste. Les derniers oripeaux du flambeur sont alignés : maillots de rugby pro et accessoires de champion, quelques tee-shirts floqués d'éclairs et tachés de sang, plats en terre cuite, bocaux de confitures et vieilles loupiotes aux couleurs fanées. Mon enfance picarde est en prime.

Je ne suis pas là pour le plaisir. Caché sous mon bonnet effiloché et ma barbe en broussaille, je brade ma peau de héros, mes miettes de gloire. Je suis un enfant de 29 balais. Une machine de guerre bonne à la casse. Un prototype de 100 kg de muscles recouvert de 75 cm de cicatrices, garni d'une plaque d'aluminium dans le biceps, de huit vis qui l'accrochent à l'os de mon bras, d'une poignée d'écrous dans l'épaule gauche, d'une quinzaine d'agrafes sur celle de droite et d'une flopée de traumatismes en fin de guérison.

Je suis un peu comme ce pot au lait tout cabossé, qu'une mamie soupèse en crissant du dentier. Je me souviens. J'allais le remplir de lait chaud et crémeux à la ferme. J'avais 7 ans, à Noyers-Saint-Martin. « C'est combien ? — Deux euros, madame. » La pièce alourdit un peu plus mon futal. J'ai fixé à 150 euros l'objectif de la journée. De quoi remplir le frigo et payer une partie du loyer. À 19 ans, je signais mon premier contrat pro à 12 000 francs le mois, voiture de sport comprise. Il y a deux ans, je touchais encore 5 000 euros par mois à me battre contre mon corps meurtri. Aujourd'hui, les 400 euros du RSA sont loin de couvrir mes dettes de « jeu ».

Les Parisiens négocient sans pitié. Un euro cinquante contre la boîte à bijoux de ma grand-mère. Je l'imagine en noir et blanc, à se pomponner devant la glace. Je revois ma sœur et ses patins à roulettes, pointure 39, vendus une bouchée de pain à une baba cool radine. Au sol, j'ai disposé un plateau à fromage, strié des marques du couteau de mon grand-père, tranchant peut-être un gros bout de camembert, vers 1947. À côté trône un panier utilisé par ma mère, avant ma naissance, pour cueillir les framboises du jardin.

Derrière mon présentoir de 4 m^2, la vitrine d'un restaurant chinois fait office de miroir pour les essayages. Je brade Armani à 6 euros. Le portant ploie sous la masse d'habits de marque et de tenues de sport. Sur le premier cintre, il y a un haut de survêtement bleu clair, floqué du numéro 22. Mon numéro. C'était mon année au Racing. On avait ce survêt pour l'échauffement d'avant match. Il n'a jamais servi, il est comme neuf. Cette année-là, pour moi, il n'y a pas eu de match. Quitte à faire dans le clinquant, j'aurais pu me délester de quelques médailles, des trois boucliers de Brennus qui prennent la poussière dans mon appart. Six finales avec le Stade Français, ça fait des souvenirs à déballer. Six finales dans les tribunes, en blessé, en maudit, en costard… Prenez-moi avec, tiens. Chat noir à adopter… C'est cadeau… Personne ne moufte. Ils ont raison, je suis plus bon à rien.

Il y a de la poussière de mon grenier picard. Il y a du faux neuf, du vrai vieux. Ça triche, ça s'accroche du regard, ça sonde et ça épie. Je lis dans les regards le mensonge. C'est la vie.

Je joue au vendeur de foire. « Allez, madame, c'est une petite liquette, un joli lycra sans prétention… Cinq euros ! » Je mens. Je rigole fort. Je vante les mérites d'une marmite hors d'âge et de deux mouettes en bois posées sur des socles couleur parme. Je les ai achetées pour rien dans un grand magasin mais je les transforme en souvenir de famille, précieux legs d'une grand-mère inventée, en provenance directe de Plouzanec, « à la pointe du Finistère ». J'écrase une fausse larme. Le prix monte. Je suis comédien.

Derrière les pots à terrine de grand-mère moisit ma cage à hamsters version loft. Avec Pierre Rabadan, mon coloc de l'époque et ami du Stade Français, on avait acheté deux mauvaises boules de poils pas plus grosses que des mulots. On était mignons tous les deux à la ménagerie, attendant nos achats empoisonnés. Nos avatars velus, baptisés Moulin et Abadan, se foutaient sur la gueule à longueur de temps. On organisait même des combats les veilles de matches. Celui de Pierre gagnait chaque fois. Ils ont crevé tous les deux à cause d'un manque de vigilance. Cette cage monstrueuse, vert et rouge, hante mon appartement depuis maintenant bientôt sept ans. Trois euros, madame, une cage à blaireaux !

Sur le stand d'à côté, un type louche, assis en tailleur, vend quelques photos encadrées. « Vainqueurs » est écrit en lettres capitales sous une photo de Zidane, qui marque en finale de la Coupe du monde de foot. Moi aussi j'ai été en bleu. Et aujourd'hui, personne ne me reconnaît sous mon chapeau qui gratte. À part peut-être ce mauvais politicien en campagne qui me tend sa main grasse, enrobée d'un rictus mielleux. « La vie est dure, hein… » siffle-t-il en me dévisageant. Il y a pas cinq ans de cela, il me bouffait dans la main aux abords du terrain de Jean-Bouin.

Le soleil tape fort. Le sandwich rillettes me retourne l'estomac. Je me désape pour la troisième fois, histoire de renouveler l'offre de tee-shirts. J'endosse un modèle illustré d'un Elvis Presley en combinaison de Superman. Porté une taille au-dessous, l'effet bodybuilder est garanti.

Demain se termine mon abonnement à la salle de gym de l'Aquaboulevard. J'y allais depuis dix ans, au moins quatre fois par semaine. J'avais mes habitudes, mon casier, mon tapis de course, les dix minutes de sauna à la fin. C'était ma vie sociale, ma solitude pendant les mois de rééducation. Et toutes ces machines électriques, programmées pour sculpter les modèles taille balèze… Désormais, j'irai courir dans le parc. Je vais arrêter la muscu, c'est décidé. J'ai plus besoin de toutes ces bosses qui ne protègent de rien.

Les souvenirs d'enfance sont partis. Terrines, babioles et décoration. Je reste avec mes maillots de rugby sur les bras. Je remballe le tout dans mon sac Stade Français. Le soleil décline. Une dernière cliente essaie d'obtenir les meilleurs prix. « Regardez-le, celui-là, avec ses muscles », dit-elle en me pointant de son index manucuré.

Elle avise mon tee-shirt Superman, gonflé par mon torse de brute. Dans les vrais films avec les vrais superhéros, il arrive toujours un moment où, à voix basse, ils racontent leur vraie vie – pas celle de la télé et des titres des journaux, ni celle qui fait rêver les gosses et flipper les forces de l'ordre.

Je ne le lui dis pas, à la dame, mais on dirait que ce moment-là est arrivé pour moi.

Quand Superman avait 19 ans…

Les cinglés au sommet

Mai 1999

… c’était le 16 mai 1999, à Niort, sous une chaleur à crever. La finale du championnat de France junior – en rugby, on dit catégorie « Reichel ». Stade Français contre Pau. Notre finale. Avant d’en arriver là, on a utilisé 40 km d’élasto, sifflé des hectolitres de Blue Lagoon, on a cassé le cul de la France entière. Qui aurait pu nous faire chier ? Les regards dans le vide, concentrés, me font penser à ceux des jeunes appelés, quelques minutes avant qu’ils montent dans le train pour partir au combat. Chacun dans son coin prépare son match en silence.

Je peux lire en chacun d’eux. Je ressens leurs angoisses pourtant mêlées de certitudes. Le chemin paraît long et les jambes s’agitent sur les sièges du car qui file à travers la ville. Quelques supporters ont fait le déplacement et brandissent, le long du convoi, des drapeaux bleus floqués d’éclairs. À la descente du bus, nos proches nous étreignent. Je croise les yeux de mon père, de ma mère et de mes sœurs. Je me remplis de leur soutien, fier et mort de peur, ressentant des émotions et des sensations uniques et éphémères, entières et toutes nouvelles. Dans les vestiaires, chacun prend ses marques, se prépare à son rythme, la boule au ventre, à combattre.

Les regards changent. Les minutes défilent comme des balles. Ça commence à transpirer. Ça sent le vestiaire, la merde, le Musclor, l'Algipan, le stress et la gerbe. Chaque contact avec l'autre rassure, chaque frottement devient une source d'émotion. J'ai envie de pleurer, de rire, de serrer mes amis, à la vie à la mort. Les visages se sont transformés. À la fois animal, guerrier, enfant rassuré par la présence des autres, chacun se transcende. On se prend dans les bras, on se serre, on se sent, les larmes aux yeux, les muscles gonflés de sang de haine, les veines remplies d'un fluide nouveau, gavées de testostérone. Le capitaine, Momo Blin, prend la tête du cortège. Il amène son armée comme un chef de meute. Le pas nonchalant et plein d'assurance, ce petit bonhomme carré est le capitaine Fracasse d'une équipe de cinglés. Il a les épaules pour ça. Nous lui emboîtons le pas dans le couloir qui mène au champ de bataille.

L'endroit est sombre et chaud. Les crampons trépignent et claquent comme des coups de trique. On se fout des coups de boule, on vérifie ses bandages, on se tape dans les mains à s'en faire péter les articulations. Foiquesse, le nain aux cuisses de bœuf, a la tête collée dans les aisselles d'un collègue. Les dernières marches franchies, on passe à travers nos remplaçants qui ont formé une haie d'honneur et nous motivent, les yeux en sang. Mon pote Salim Tebani s'accroche, fiévreux, dans son jogging bien boutonné. On entend gueuler des voix familières dans les tribunes. Nico Lalande, sorti tout droit d'un film d'horreur, fixe chacun d'entre nous dans les yeux. Amaury Planchenault, dit la Planche, reste stoïque et attend son heure. Ça motive, ça gifle et en deux secondes nous voilà face à face avec l'ennemi palois, l'ultime rempart à franchir pour se libérer des tonnes d'élasto qui nous compriment les sens depuis des mois. Le dernier combat à livrer avant d'être affranchis d'un trop-plein de sensations jubilatoires et fatigantes. Les cerveaux se vident d'un trait au coup d'envoi, laissant de côté toute appréhension. Tout va très vite. À droite, à gauche, au centre, nous marquons trois essais transformés. Une heure vingt plus tard, chacun sait maintenant qu'est arrivé le point de non-retour. C'est le moment où Rodolphe, Sébastien Gérard de son vrai nom, entre en scène. Le cinéma ne vient pas de son essai proprement dit – même s'il est de toute beauté – mais de ce qui se déroule ensuite. Dans un excès d'hormones et de folie, après avoir aplati, le Rodolphe sautille comme un cabri au milieu du terrain en gueulant des cantates du genre : « Putain, c'est énorme, c'est trop bon » ainsi que d'autres noms d'animaux que je ne divulguerai pas par politesse. Guy transforme l'essai. Le match est terminé.

Tout le monde saute, s'attrape, se congratule. Pierrot Rabadan, surclassé comme moi, me broie trois côtes en hurlant : « Oui, Moulin ! Oui, Moulin ! on est champions ! » J'embrasse les joueurs adverses sans me soucier de leur déception. La tribune se vide comme un raz de marée sur une plage verte, labourée par les crampons. Tous les potes barbus, décolorés, en sang et en larmes, braillent encore et encore. Chacun peut sentir à présent, dans le regard de l'autre, la reconnaissance d'une amitié, d'un amour fraternel. J'enlace mes nouveaux meilleurs amis, eux qui m'ont poussé sans grandes paroles à aller de l'avant. Je les serre fort en gueulant. Un colosse s'avance vers moi, les mains sur le visage, c'est Dudu, l'entraîneur des avants. À côté de lui, gabarit porte-clefs, Fred Barthe, l'entraîneur des trois-quarts. Tous deux m'enlacent et m'étouffent de joie.

Mon père, qui ne m'a pas quitté des yeux depuis le coup de sifflet final, me tape sur l'épaule. Je le prends dans mes bras et l'étreins comme si c'était la dernière fois. Je lui crie à l'oreille : « On est champions, papa ! On est champions ! » Il a un sourire d'enfant. Nous voilà, à ce moment précis, sur un pied d'égalité. Son regard dans le mien laisse entrevoir sa fierté pour son fils qui vient de quitter le nid et s'envole heureux.

Je viens de jouer le dernier match amateur de ma vie.

Un superhéros picard

1980-1998

— Papa, j'en ai marre du judo…

Mon père lève lentement ses yeux du *Courrier picard*.

— … J'ai encore chibré l'arcade d'un copain hier.

— Qu'est-ce qu'on va faire de lui ?… souffle maman en souriant.

À 7 ans, j'ai déjà épuisé l'offre sportive de Noyers-Saint-Martin. Invaincu à la balle au prisonnier, numéro un du sac de billes, je tords tous mes petits camarades. J'étais le champion toutes catégories des bastons de la récré et mes parents avaient commencé par m'inscrire au ping-pong. Nous en étions arrivés au judo, supposé plus propice à canaliser mon énergie. Raté.

Mon père caresse sa barbe douce :

— Le foot ou le rugby ?

J'avais fracturé des tibias et crevé quelques ballons en mousse dans la cour de l'école. Papa me fixe et dit, sûr de son coup :

— Le rugby.

À l'âge de 3 ans, je soulevais le canapé du salon et j'avais déjà foutu le chat au feu. Ces premiers faits de gloire ne m'empêchent pas de devenir la poupée vivante de mes sœurs. À l'heure où mes camarades de maternelle se pointent avec des pistolets de cow-boy, des épées de chevalier et des capes de Superman, je porte des hauts talons avec des frou-frous sur la tête et des robes de 1940 piquées au grenier. Elles me maquillent, elles me sapent en vieille rombière, en femme fatale, en fille de joie avec rouge à lèvres baveux, dentelles, soutien-gorge et bas filés. J'ai bien l'air con à 6 ans au milieu du salon, défilant devant mes parents hilares et mes sœurs, Nif et Noup, fières de leur Barbie animée.

Ma période rose bonbon ne dure qu'un temps. Je commence à tirer les cheveux à mes frangines et à les violenter. C'est le début de l'affirmation. Je pique les bijoux de ma mère pour les offrir à ma maîtresse d'école. J'embrasse Audrey à côté de l'arbre-cabane, à la sortie du village. Je suis le rebelle de Noyers-Saint-Martin, Picardie. Je me cache pour crapoter ma première clope derrière les cages à lapins. Je vole des paquets d'images appelées « les Crados » au kiosque tabac-journaux du village. Mon père me repère à cause des soixante-sept emballages déchiquetés dans la poubelle de son bureau. Première fessée. Ma mère est assistante sociale, avec quatre-vingt-dix dossiers sous le bras et les trois mioches à supporter. À cette époque, je crois que mon père est dessinateur de pères Noël et, surtout, de BD. En fait il est dessinateur industriel et ancien designer de voitures de course. Il y a un alignement minutieux de maquettes dans la vitrine de son bureau. Magnifiques, intouchables. Moi, je bouffe les briques Lego et je shoote dans les jouets à grands coups de chaussons-chaussettes.

J'ai 9 ans. Les séances de touche-pipi dans la grange m'ont donné une certaine assurance. Je représente l'autorité sur mon BMX tout neuf. Ça fait deux ans que j'ai commencé le rugby, mais j'ai de l'énergie à revendre. Je traverse le village en coursant les vaches et les poulets.

À 10 ans c'est la rupture. On me transfère à l'institution du Saint-Esprit, à Beauvais. Je découvre la civilisation et ses aléas : se lever tôt, le petit déjeuner à avaler en sept minutes, à 6 h 57 du matin, avant de monter dans la voiture à 7 h 25 pour 24 kilomètres. Il fait encore nuit les matins d'hiver quand ma mère me dépose à 500 mètres de ma nouvelle école. Je suis ensuqué, mal coiffé, les chaussettes tombent à mi-mollet et mon cartable imitation Tann's me défonce les épaules. Où sont passées mes matinées tranquilles à l'école du village, les midis chez mes tatas et les retours à la maison en trois minutes ? Il y a encore deux mois je paradais dans Noyers avec mes pulls tricotés main et mes baskets imitations Reebok Pump qui ne gonflaient pas. Aujourd'hui, à la ville, je dois ressembler à un vrai petit catho versaillais. J'ai les nerfs et je bousille les godasses Paraboots achetées 800 francs par ma mère deux jours plus tôt. Je traverse les cours d'école en percutant les petites filles et les gros bras. Je les déchire à grands coups de placage. Le rugby déborde et mon manque de campagne aussi. J'en veux au monde entier et plus particulièrement à ce petit bonhomme accroché dans chaque pièce de l'école les bras en croix. Je me venge en piquant presque chaque jour une petite pièce dans le porte-monnaie de mes parents pour égayer ma vie. J'achète des billes, des images et des balles rebondissantes.

Au milieu d'une messe, un vendredi matin, je me glisse dans la file des disciples qui se dirigent, les mains au niveau du cœur, vers l'autel où le prêtre distribue les croûtons de pain en forme de chips. J'ai le palpitant à dix mille. Plus qu'un mètre et je touche au but. La maîtresse me dévisage. Elle s'approche… Elle tend la main vers mon visage et réajuste mon col, en lâchant un sourire laissant entrevoir sa dentition chevaline. Je me retrouve devant l'abbé. Sérieux, tenant un saint Graal en plastoc dans sa main gauche, il attrape de sa pince droite le mets du délit. Il le porte à ma bouche… Victoire. Je ferme fort les yeux, espérant le miracle. Après cinq secondes à laisser la chose se déliter entre mes molaires, je rouvre les mirettes… Je suis toujours dans la chapelle de l'institution du Saint-Esprit, toujours à Beauvais, toujours en short velours, chaussettes à mi-mollets et Paraboots aux pieds. Je comprends que Dieu n'existe pas. N'étant pas baptisé, je n'avais pas le droit de manger la miette ronde et je pensais qu'au moment de l'avaler Dieu m'aurait pris de sa main puissante et m'aurait puni en me renvoyant dans mon école de village qui me manquait tant… J'ai prié, pourtant, et puis que dalle.

Ils m'emmerdent tous ces gens avec leurs ordres et leurs règlements. Je ne crois pas en leur Dieu, je veux rester au pieu. Je développe alors sous mes draps, de nuit, des stratégies millimétrées afin de me protéger du Saint-Esprit. Ma meilleure tactique consiste à chauffer le thermomètre à 39 °C, après une exposition de deux minutes à 10 centimètres de ma lampe de chevet, afin de passer la journée en petit malade en pyjama, sans pour autant trop affoler ma mère, qui serait capable d'appeler le médecin au-dessus de 39 °C. Quand ça marche, c'est journée canapé, BD et télé. À moi la trilogie des Bruce Lee.

Bruce m'inspire. Ses techniques ancestrales ont une influence certaine sur mon mode de vie. Mon cycle Karaté Kid aura laissé des marques indélébiles sur le mobilier de la maison familiale.

Je traverse les années collège à mille à l'heure. J'accumule les heures de colle tandis que mes notes dégringolent. La 6e, ça va encore. Une vilaine bagarre en 5e, deux amoureuses en 4e, trois heures de colle par semaine l'année d'après, et quelques dérapages, comme ce jour, dans la cour de l'institution du Saint-Esprit, où je tape une énorme chandelle dans un ballon de basket piqué aux petits 6e, le cuir descend en flèche et retombe droit sur la tête de poupon du descendant de la famille royale des Bourbons, qui passait par là. Un petit gars gentil comme tout. « Schboom. »

Heureusement qu'il y a le rugby. Ça n'a jamais été très sérieux, mais on est une bonne bande de copains, on joue ensemble depuis qu'on a 7 ans. Le rugby c'est l' « happy hour » au pub L'After, histoire de se charger un peu avant l'entraînement du mardi soir, avec Luc et quelques potes. Durant notre séance de défouloir, on travaille deux ou trois combinaisons, on tape trois ou quatre coups de pied, et on lâche toutes nos forces sur Robert, un mannequin fait de trois coussins, parfait pour l'apprentissage du placage. Et puis, aux beaux jours, il y a des barbecues. Chaque année, le club organise le tournoi Communeau – le plus important au nord de la Loire. Mon rugby c'est aussi les déplacements dans des contrées hostiles. Le dimanche, les matches nous emmènent sur les terrains ennemis de Clermont-Creil et de Crépy-en-Valois. Les stars locales sont Alexandre Bias et Elvis Vermeulen, déjà sacrément gaillards, et qui deviendront pro. On se met déjà des bonnes percussions, de celles qui te coupent la respiration quand tu te fais cisailler. Je joue à l'arrière. C'est la liberté. J'aime recevoir le ballon de notre côté du terrain et remonter jusqu'à l'en-but adverse dans mon style slalom géant. Je percute même mes potes, je peux m'en amener deux sur le dos lorsque j'aplatis. Quelques tournois plus exotiques, jusqu'à Béziers, et même au pays de Galles, gonflent mon palmarès de souvenirs et de petites cicatrices. Un nez pété, une rotule qui lâche, c'est le début des galères physiques, mais je grandis en serrant les ratiches. Au rythme des bières, des whiskies et des pétards fraternels consommés au fond du bus, sur les routes du retour, on oublie vite les petits bobos.

Bonnet vissé sur la tête hiver comme été, je suis le branleur du lycée, accro à la fumette. Les notes dégringolent. Je tète deux litres de lait par jour, je pousse, je gonfle et je me défonce à grands coups de baby-foot, de spliff et de rigolades avec Eugénie et Luc, mes deux meilleurs amis. J'apprends par cœur le monologue du film *Trainspotting* que j'écris partout. Ça commence comme ça : « Choisir la vie, choisir un boulot, choisir une carrière, choisir une famille, choisir une putain de télé à la con, choisir des machines à laver, des bagnoles, des platines laser, des ouvre-boîtes électroniques… » Pourquoi je ferais une chose pareille ?

Au lycée, il y a interdiction de fumer. Mon dieu ! Et mon cul ! Je fume et je m'en branle. Y a que les ateliers-théâtre où je suis assidu. Je m'éclate à jouer les premiers rôles. Premier plan cul à 16 ans au fond de mon jardin dans une tente, fin bourré à 6 heures du matin après la première teuf organisée chez moi. Je ne sais pas comment on fait, la capote glisse, c'est la galère, mais en cinq minutes me voilà un autre homme. Et puis arrive Anne-Eva, le premier amour qui veut tout dire. Celle qui te ferait bouffer des guêpes et des parpaings par paquet de cent si elle te le demandait. On est dans la même classe. Elle est blonde comme les blés, un sourire malicieux, un petit nez en trompette et les yeux vert argenté. Bref, « sacrément bonne ». J'emmerde tout le monde à la maison. Le bac est en fin d'année mais je suis amoureux et j'en ai rien à foutre. Je veux partir au bout du monde avec elle. On se nourrira de plancton et de poisson, on chassera le gnou en Afrique, le kangourou en Australie et le yak en Russie… Sauf que mes parents ne m'ont pas autorisé à aller dormir chez elle. On formait un couple d'enfer au lycée. Le cliché à l'américaine du sportif avec la belle blonde plus âgée que toutes les petites nanas de terminale. « Je pourrai jamais vivre avec une autre que toi », « je t'aime moi aussi Raphaël ». Nous nous sommes trouvés. Vous savez, comme dans ces films où y en a toujours un des deux qui crève à la fin tellement c'est beau que ça ne peut pas finir bien. Bon, là, pour le coup, personne n'a cané. Mais c'est à ce moment-là que Paris m'a attrapé.

Je crois que ça a commencé trois semaines avant mon bac. Un jour de juin 1998. Je suis dans mon jardin en train de réviser (je devais sûrement siester le museau collé sur mon Becherel, dos à la maison). Il est plus de 17 h 15 car mon père est déjà rentré du travail. C'est lui qui m'a annoncé la nouvelle. Il est venu s'asseoir à côté de moi, sous le marronnier. « Je viens de recevoir un coup de fil du Stade Français. » Première illumination. Je décolle mon blaze des bouquins. « Un certain Pierre Nassiet aimerait te rencontrer pour te faire passer des tests. Un type t'a vu jouer au tournoi de Visé, en Belgique, il y a trois semaines et il en a parlé aux dirigeants de Paris. » Paris ? Pour moi, jusque-là, c'était les vitrines illuminées à Noël et le salon de la Maquette. Le rêve, donc. À l'époque, je ne pipe rien au rugby pro, mis à part les matches du Tournoi des cinq nations avec Titou Lamaison et Émile Ntamack, les seuls que je connaisse avec Olivier Roumat et Christophe Dominici. Mais de là à savoir où ils jouent c'est une autre paire de moufles. Le club de Nîmes avait déjà proposé de me trouver un BTS action commerciale et un appartement si je signais chez eux. Je n'étais pas plus emballé que ça. Je réponds à mon père, plus excité par le fait d'aller à la capitale que d'essayer d'intégrer le club phare : « Je veux y aller, mais pas sans Luc ! On ira à la tour Eiffel ? »

Deux jours plus tard, nous découvrons le stade Jean-Bouin. Six mille sièges rouge et bleu comme panorama, ça change des tribunes en carton-pâte du Beauvaisis. « Bienvenue à tous, je suis Marc Maire, responsable du recrutement, vous allez faire une séance de vitesse et de rugby. Lâchez-vous ! » Ce bonhomme bedonnant m'a l'air bien bonnard. T'inquiète pas mon pépère, je vais lâcher les chevaux. En dix minutes, les entraîneurs sont conquis. Pourtant je ne sais pas faire une passe, je ne sais pas plaquer, je n'ai aucune des deux bases que tous les petits jeunes du Sud-Ouest apprennent au berceau. Je viens de Beauvais, Picardie. Ce n'est pas à la mode le rugby là-bas. Mon style, c'est je cours sur le pré jusqu'à ce qu'on m'arrête. Quant à mon jeu au pied, bon… Enfin, je crois bien que mon gabarit leur plaît. En sortant de la douche après un après-midi où je me suis bien amusé, Pierre Nassiet s'approche de moi et me glisse : « Je crois que tu peux intégrer le groupe des Crabos [catégorie élite jeunes] l'année prochaine mais on ne te fera pas venir si tu n'as pas ton bac. » Et merde, encore la carotte des études. Fait chier. Je regarde ce stade et je me dis que ce serait sympa de tenter l'aventure. Le club est beaucoup moins loin de chez mes parents que celui de Nîmes et puis ma copine, mon amour, a décidé il y a peu de venir s'installer à Boulogne, à deux pas du stade. Je l'aurai alors, mon diplôme. C'est d'accord, je vais mettre les bouchées doubles et on se rappelle pour finaliser le contrat.

Dans la voiture, au retour, mon pote Luc me chuchote à l'oreille : « Je les ai entendus discuter avec ton père, les dirigeants, pendant que tu prenais ta douche. Avec ou sans le bac ils te veulent à cent pour cent, ils sont super emballés. Y en a même un qui a voulu embrasser ton père. Je suis bien fier de toi. » Résultat des courses : j'ai plus rien branlé jusqu'au bac et je l'ai quand même eu in extremis. À moi, Paris… En deux semaines, je quitte le nid pour aller jouer au rugby. Tout est prêt. Je décolle.

Un rat des champs

1999

Hier, j'habitais dans un village picard de 700 pelos, chez papa et maman. Aujourd'hui, je suis rugbyman à Paris, capitale de la mode, avec ses 3 millions de carnassiers et je loge à l'hôtel. Le Murat, XVIe arrondissement, trois étoiles. Cent francs le p'tit déj, y a des croissants chauds. J'arbore, en crinière, les reflets cuivrés d'une coloration rousse réalisée sauvagement au lendemain de l'obtention inespérée du baccalauréat. Deux abondantes rouflaquettes me décorent le fond des joues.

Le stade Jean-Bouin, fief de mon nouveau club, est à deux pas du Murat. J'y pose mes valises pour quelques mois, en attendant la piaule d'étudiant qu'on m'a promise, à la Défense. Tous les matins – quand je ne me réveille pas chez Anne-Eva à Boulogne – je me fais servir dans de la faïence imitation Louis XV, au milieu d'un salon baroque où je suis seul. J'enchaîne avec la faculté Léonard-de-Vinci, à Courbevoie. Un pôle universitaire grand comme la moitié de Beauvais où se côtoient les jeunes faisans de l'Ouest parisien qui raquent 30 000 francs par an pour apprendre le commerce ou le marketing. Qu'est-ce que je fous là ?

J'ai pas la réponse mais c'est bonnard. Beaucoup nous détestent, nous les jeunes sportifs sponsorisés avec nos programmes aménagés. Je débarque comme le beau quaterback dans une fac américaine. J'en branle pas une, je triche aux exams et je m'en tape.

Les semaines passent. Toujours mes croissants chauds. Les sélections en équipe de jeunes apparaissent au coin des matches qui sont devenus hyperfluides, un peu comme sur une console de jeu. Les passes m'arrivent plus rapidement qu'en Picardie. Pourtant, je joue comme à Beauvais, comme je sais faire, sans pression. Pierre Nassiet, mon recruteur, les bras croisés sur le bord du terrain, observe, l'œil concentré, mon ascension. Arrière en équipe d'Île-de-France, arrière en équipe de France des moins de 19 ans (une équipe dont j'ignorais l'existence) et me voilà équipé Nike de haut en bas. Un sponsor chaussures me fait même les yeux mielleux. Petits voyages en Corse et au pays de Galles : ça commence à devenir agréable le bordel du rugby à Paris. Ma mère me tanne pour que j'aille visiter le Louvre ou le musée Jacquemart-André, mais je suis plutôt bringues étudiantes. Le jeune loup au faux poil roux se régale de Paris. La machine chauffe à feu doux.

Et puis, d'un coup, une cheville me fait mal, et Anne-Eva, mon premier amour, se fait la malle. C'est ce qu'on appelle, en jargon rugbystique, un bon gros raffut. J'en chiale. La fac me soûle aussi, tiens. C'est le moment choisi par le club pour me trouver un appartement. Fini les mouillettes à 100 balles et le lit fait tous les jours. J'entre dans une petite cage à poules aux murs vert fluorescent. Une kitchenette pour Barbie, une douche où je ne peux rentrer qu'une phalange, et un lit 40 cm sur

120 cm, d'où je dépasse de partout. Des phares de voitures traversent mon studio. De l'unique fenêtre s'étend un paysage uniformément gris. Les deux arbres à fruits ont été remplacés par deux énormes tours de verre qui se dressent comme de gros fantômes. Au loin, ce n'est plus le marronnier de mon enfance que je vois mais l'arche de la Défense éclairée de flashes. En contrebas, un cimetière. Sur la gauche, la fac où je ne mets plus les pieds. Je reste planté sur mon balcon à compter les voitures. Les 406 coupé, pour être précis. Mon histoire d'adulte-enfant s'est enclenchée. Je viens d'arriver à Paris, je n'ai même pas 19 ans. Je viens d'un petit village picard où la betterave et la brume sont les stars régionales. L'acclimatation est rude et mes parents sont inquiets.

Un soir, on sonne à ma porte. Pierre Rabadan, troisième ligne de l'équipe Reichel. Il avait entendu parler des 406 coupé. « Tu viens avec moi », m'invite-t-il de sa grande bouche suturée. Pierre c'est un type carré, rigoureux, qui marche à l'affect. Sur le terrain, c'est un guerrier qui fout son corps, sa tronche et ses paluches là où même une hyène ne foutrait pas ses ongles. Pierre, c'est un mec qu'on suit sans trop se poser de questions. Un mec qui a raison. Chez lui, il me présente deux collègues. Il y a d'abord Salim Tebani, talonneur, un condensé de pitbull français-algérien qui a vécu du dur, ça se voit dans ses yeux. À côté du molosse, Sébastien Gérard, dit Rodolphe. Ailier hyperactif, il connaît par cœur les stations de métro, les autoroutes et leurs aires de repos, le numéro des départements, leurs préfectures et les sous-préfectures aussi. En moins d'une bouteille de vodka, tout s'enclenche. Les gars me prennent sous leur aile. On forme vite un quatuor de bons copains des jeunes du Stade Français. C'est avec ces nouveaux grands frères que l'on remporte le championnat de France Reichel. Bernard Laporte, le coach de l'équipe pro, est dans les tribunes le jour de la finale. Il repère un puissant canasson tout fou, les cheveux rouges et les rouflaquettes bleutées. En attendant le début de saison suivante, Paris nous appartient.

En boîte, on chope les glaçons dans des seaux à champagne et on se les éclate sur le front à grands coups de tête pour marquer à jamais nos corps de ces moments de gosses. « Essuyer c'est tricher. » Le sang coule sur les visages et séchera en fin de soirée. Après ce titre, Saint-Germain-des-Prés et la rue Quincampoix sont le théâtre d'un mois de fête non-stop entre abrutis. « Manger c'est tricher. » Nous voilà jeunes barbus décolorés lâchés en plein Paris à bringuer chaque soir, à vomir, à boire, à baiser pour certains. L'un chie sur la selle d'une moto. Un autre pisse sur les lentilles de contact de la nana qu'un collègue vient de choper en fin de soirée. Un troisième emballe un travelo. Un dernier se laisse entraîner au fin fond de Villejuif, pris dans les filets d'une femme d'âge mûr. Un mois de fêtes entre braguettes. On est les maîtres de l'univers dans nos costumes trop grands.

Comme un tracteur

1999

— Allô, mon bébé ?…

C'est Max Guazzini au bout du fil, le président du Stade Français.

Je suis incrusté dans le canapé du salon de Pierre. Il doit être 9 heures. Ça ronfle autour, j'ai mal au crâne.

— … Passe au 22, rue Boileau, Raphaël, je t'attends.

Il raccroche.

J'arrive au bas d'un immeuble de verre de cinq étages, dont l'entrée est barrée d'une panthère noire bondissante surmontée de trois lettres rouges : NRJ. Les souvenirs beauvaisiens me secouent la cervelle. « NRJ Beauvais, 89.2 FM… » On écoutait ça dans la voiture pour aller à l'école. À 7 h 30, il y avait un jeu : une 405 blanche floquée du logo de la station sillonnait la ville et l'auditeur qui l'avait repérée pouvait gagner des disques compacts et des cassettes VHS, « à retirer au 22, rue Boileau ». On n'avait jamais croisé la bagnole en question, pas faute d'essayer pourtant.

— Euh… Je viens voir Max Guazzini…

La standardiste de l'entrée m'indique le sommet de la verrière. On me propose un café, une jeune fille m'ôte ma parka. Les étages défilent. Sur les murs, une fresque géante avec les visages peints de Madonna, Michael Jackson, Bon Jovi et autres vedettes internationales du moment. Je traverse le long couloir de la direction, le front encore défoncé par les glaçons, ma coloration capillaire a viré depuis la victoire en un rose un peu douteux.

La porte de Max est grande ouverte. Tout scintille : ses dents, les disques d'or et de platine accrochés aux murs, son immense chaîne hi-fi posée derrière son fauteuil rembourré et les piles de compact disc qui défient la gravité. Je repère aussi quelques photos du Stade Français punaisées entre celles de stars de la pop. Max se rassoit dans son fauteuil en cuir, une Rothman rouge au bec. Je lui en demande une qu'il m'allume aussitôt. Il me parle du club, de choses et d'autres, tout en passant des coups de fil à Bernard Laporte, des collaborateurs et tout un tas de types.

Soudain, une assistante déboule dans le bureau et dépose une enveloppe sur la table. Max la pousse du doigt de mon côté, sans rien dire. Je la décachette et avise les trois feuilles agrafées. J'y vois un appartement, un salaire évolutif, qui me rendra plus riche que mes deux parents réunis dès l'an prochain, des primes improbables et des avantages à gogo. Je ne lis pas toutes les petites lignes. Max me tend son stylobille de président, qui pèse un âne mort et glisse entre les doigts. Avec Max, tu ne négocies pas. Il a une pile de 300 CV de rugbymans sous le coude. Des gars qui ne rêvent que de ça.

— Je vais te faire écouter un nouveau hit, dit Max alors que je gribouille un ultime paraphe sur la page trois.

Il met « Paris est une blonde », version remixée dans sa platine-CD au son Dolby, et mime le chef d'orchestre en remuant son stylo, le buste en arrière. Il déploie sa grande carcasse, harnaché dans son bleu de travail jean-polo-blazer, et m'étreint en musique. Je descends les cinq étages en saluant Michael Jackson, Madonna et Bon Jovi. Je remercie la réceptionniste, on m'aide à enfiler ma parka. C'est encore mieux que si j'avais repéré la 405 à Beauvais. À peine sorti, je dégaine mon téléphone portable.

— Papa, ça y est, je suis rugbyman professionnel.

Dès le lendemain, je m'entraîne avec le groupe des pros, sous l'autorité de Bernard Laporte. Bernard aime le contact viril et les gabarits denses. L'échauffement à peine terminé, il me lance une chasuble bleue, ce qui signifie que je serai titulaire ce week-end contre Grenoble. Carrément? Même pas remplaçant? T'y vas pas un peu fort, là? Je ne dis rien. J'ai un peu la pression cette fois, et, au quart d'heure d'entraînement, je loupe un plaquage supposé facile juste devant mon nouveau petit père spirituel. La punition n'attend pas : Laporte me place dans le couloir des 15 mètres, devant une ligne blanche. Il choisit trois types presque au hasard. Pédrosa : un talonneur de 115 kilos, un branque qui débranche le cerveau à chaque coup de sifflet. Darren George : 120 kilos, deuxième ligne néo-zélandais et ferrailleur ou bûcheron de son état. Richard Pool Jones : 107 kilos, une boule de muscles, gentleman anglais à la ville, mais dogue allemand sur un terrain. Bernard leur demande de se lancer chacun leur tour de 5 mètres, balle en main, avec dans leur viseur le petit Poulain. J'ai interdiction de leur laisser passer la ligne sinon je vais prendre une soufflante. Ça fait 340 kilos de barbaque à stopper net. Le premier m'emporte la hanche, mais je me redresse, fier de l'avoir arrêté après 10 mètres accroché à son slip. Le second la joue soft et freine à l'impact, dépassant de 2 mètres la limite autorisée. Arrive le roast-beef – le plus débile des trois. Sans demi-mesure, il se lance comme un frelon sur une rose des champs. Je vais charger. Je ferme les yeux et tends les bras, offrant au Range Rover customisé mes épaules en fin de croissance. « Floum ! » J'explose comme un pop-corn et m'étale les bras en croix. J'ai réussi à l'arrêter ? Où est mon cartable ? Quelqu'un pourrait me donner l'heure ? Je crois que j'ai oublié d'acheter le pain… On me redresse. Mon bras bouge tout seul comme une anguille. Je ne le contrôle plus. Je me mets à gueuler que j'ai plus de bras, que je sens plus ma main. Et tout le monde se marre. Le kiné accourt… Rien. Rien de grave. Juste un nerf pincé. Je suis vivant et je serai bien titulaire ce week-end. C'est le métier, soit-disant. Je crois quand même que Bernard me voit plus beau que je ne suis.

J'aborde mon premier match télévisé sans tension excessive. J'arrive à la gare, le vendredi après-midi, avec deux gros sacs de chicken wings. Les gars sont tous là, ils discutent au milieu d'une montagne de sacs de sport. Bernard surgit comme un diablotin. « Pas diététique. » Première erreur. Nous prenons le train pour Lyon. Je me planque entre deux wagons pour ingurgiter les ailes de poulet, bien huileuses, assaisonnées à souhait. Des traces de ketchup maculent mon duvet naissant. À Lyon, nous attendons l'autocar pour Grenoble. Juste le temps de me griller une petite cigarette en catimini derrière le bus. « Je t'ai vu », me lance une petite tête à lunettes. Laporte m'a encore repéré mais il m'aligne quand même parmi les titulaires.

Juste avant le coup d'envoi, chaque joueur pose, quelques secondes, pour le trombinoscope télévisé.

Devant la caméra, je suis comme une vache dans son pré. Tranquille et fier, comme à Beauvais.

Je joue à fond du début à la fin. Je me lance dans une percée de 40 mètres. Même avec un sumo samoan sur le dos, j'avance encore comme un tracteur. Sur le terrain, je me marre, malgré Bernard Laporte au cul et la chaleur impossible. Je cours dans tous les sens. Je fais des grandes diagonales. Je suis asphyxié, dans le rouge au bout de dix minutes, mais je me régale, je raffute, j'ai confiance en moi. Je me sens invincible, entouré par ces adorables cinglés. Comme ce fabuleux Arthur Gomez, le moulin à vent qui ventile de l'Isérois à tour de bras.

Dernière minute, dernière boulette. On mène au score et le ballon m'atterrit dans les bras. J'ai les fils qui se touchent et je décide de jouer rapidement. Une poignée d'Isérois montent vers moi, au loin. Je prends le temps d'ajuster une frappe style mammouth, à pleine puissance. Il suffit de trouver la touche et l'arbitre officialisera notre victoire. Le ballon, déformé par ma godasse, prend une trajectoire vrillée, en banane, et retombe au creux des bras d'un coureur grenoblois. Relance éclair. Essai. Match nul. La presse ne m'en tient pas rigueur et m'élit homme du match. Une caméra me colle au coup de sifflet final. Interview pour Canal +, face à Philippe Guillard dit la Guille. « Dis-moi, Raphaël, t'es né avec 100 kilos ou c'est l'air picard qui t'a rendu comme ça ? »
— Non, je ne sais pas trop. Mon père n'est pas très gaillard, ma mère non plus… Ils ont dû s'envoyer ! » Classe, le type… À la fin, je ne pense pas à remercier mes coéquipiers, ni les dieux du rugby, mais je rends hommage au Pousse-au-crime et au 41, ces lieux de perdition, embrassant virtuellement Denise, Page et Kelly, ces coquins-coquines de la rue Quincampoix.

Je me sens invulnérable. Les bons matches s'enchaînent. À chaque action le public réagit et j'exulte. Je fonce sans réfléchir. Un match amical à Cambridge et mon épaule gauche se disloque. Opération, immobilisation, rééducation, boisson. En quatre mois, la machine se remet en marche. J'ai 19 ans, je pèse 100 kilos. Et je trimballe désormais une jolie réputation de perce-muraille. Au match de mon retour, à Orléans, je bénéficie d'un traitement spécial, genre massage-broyage musclé. Sur la dernière action, alors que je m'étire pour aplatir en coin, un ailier adverse surgit de nulle part, m'écrase le bras, le ballon fait levier, et c'est l'épaule droite qui sort de son logement. Re-opération. Une vis en plus dans l'épaule. J'ai toujours 19 ans, je pèse toujours 100 kilos.

Le mental au fond du seau, je vois l'équipe première soulever le bouclier de Brennus le 15 juillet. J'observe les champions. Au milieu des stars, quelques acolytes de l'équipe Reichel remportent là leur premier titre senior. Quelques agrafes dans une épaule, une vis et deux trois boulons dans l'autre, c'est pas ça qui va m'arrêter. D'autant que John Connolly, un nouvel entraîneur australien, débarque au Stade. Ce petit père grisonnant, au ventre en forme de cimetière à poulets, devient vite mon nouveau référent. Il me parle en anglais et, même si je ne pige rien à ce qu'il baragouine, je bois ses sourires et sa confiance en moi. Mon coup de pied vrillé, qui partait dans tous les sens et tuait des petites vieilles dans les tribunes, commence à ressembler à des ogives à la trajectoire tendue : c'est ça, la technique ? Il me demande de m'amuser, il me fait bosser à l'aide de cassettes vidéo et je reprends confiance.

Coup du chapeau

Samedi 30 septembre 2000

Un couloir, long de 100 mètres au moins avec de la pelouse synthétique posée au sol, des murs un peu usés et des gueules cabossées. Il y a du bleu, du rouge et des carreaux blancs. Ça sent la crème chauffante. On avance vers la lumière artificielle au bout du corridor. Des marches appellent à la libération des muscles. Le stade Chaban-Delmas est plein. C'est soir de fête à Bordeaux, qui reçoit le champion de France en titre. Le speaker scande un à un les noms des gladiateurs. Les tribunes rugissent. Quatorze mecs hyperconnus, côté Paris, du pilier Marconnet à l'ailier Dominici… et ce « Poulain » à la fin, le quinzième de la liste, sorti de nulle part.

Le match s'emballe à la vingtième minute, quand les avants se réveillent. Ben oui, le rugby ça commence devant, ont dit les anciens… Sur mon aile, j'y comprends pas grand-chose, mais pas le temps de trop réfléchir. Le ballon arrive à toute vitesse. Kiki Laussucq pour Diego qui feinte une croisée et sert Franck Comba qui, en bout de course, feint à son tour de me donner la balle. Il continue à galoper le long de la ligne et me sert une petite passe entre sept bras adverses. La ligne n'est plus qu'à 10 mètres. Deux percussions plus tard, je marque mon premier essai de la saison. Je gronde et me frappe le cœur en pensant à mes potes Reichel. Quarante-deuxième minute et rebelote. Une passe allongée de Franck, trois Bordelo-Béglais percutés, un raffut, et me revoilà en terre promise. Je kiffe en serrant dans mes bras mon petit père Noël Comba. Ce type est comme mon grand frère même s'il fait la moitié de moi. Quand il débarque en boîte, il fait claquer ses bottes en python. Sur le terrain, il me gueule dessus et ça me transcende.

À la mi-temps, le coach me tape sur la tête sans rien dire. Un simple clin d'œil, une bouteille d'eau et deux pâtes de fruits, un souffle d'encouragement.

Au coup d'envoi, on récupère la gonfle. Je me propose à l'intérieur de Simon qui fixe deux défenseurs et m'ouvre la porte de l'en-but. Je rebondis sur les Béglais. Néné Landreau, notre phacochère bodybuildé, m'appelle le long de la touche. J'arme une petite passe avant de me faire plaquer. Il la réceptionne et se la cale sous le bras pour finir le boulot en plongeant. La première passe de ma vie, je crois bien.

Pendant un quart d'heure, ça bataille sévère devant, ça avance, ça grappille du terrain et ça s'envoie comme des malades. Après une mêlée côté gauche, je me propose au soutien de Cliff qui me délivre une passe vicieuse, au milieu de quinze Béglais trop concentrés sur l'olive blanche. C'est moi qui l'ai, les mecs, et va falloir venir la chercher… Je slalome comme à Beauvais et me voilà au pied des poteaux, aplatissant mon troisième essai. Quelle soirée ! Je sais plus où j'habite quand Kiki me gifle à moitié avant de me prendre dans ses bras. « C'est énorme, cheval, c'est énorme ! » Je crois que je ne sais pas ce qui est vraiment énorme. Franck, qui était au départ de l'action, me tape dans la main. Ce type me porte à chaque match, me conseille, me place, me gueule dessus depuis que je suis pro et, en plus, il me fait croquer en me faisant marquer. Je crois que c'est ça le plus beau.

Mon petit show bordelais conforte ma réputation de percuteur au coup de pied de mammouth. Plus que jamais, j'ai ma gueule dans les journaux et on m'annonce au plus haut niveau. Après trois stages de présélection pour intégrer l'équipe de France, je me sens assez gaillard pour aller jouer dans la cour des grands.

Une pizza aux olives black

Novembre 2000

Un soir, à l'appartement, je glace une cheville douloureuse en regardant la télé. Mon téléphone portable sonne. J'ai le short au niveau des genoux et une pizza à proximité. Max Guazzini, mon président.

— Allô, Raphaël, comment ça va ?

— Ben, écoute, plutôt pas mal, à part une cheville de teckel qui me titille un peu, je crois que je vais m'en sortir vivant. Il me faut une bonne semaine de repos, voire deux.

Je sens à sa voix qu'il veut me dire quelque chose mais il se ravise.

— C'est bien, c'est bien…

— Max, qu'est-ce qu'il y a ? Tu ne m'appelles pas pour juste prendre des nouvelles et me demander si tout va bien…

— Non… enfin… si… Enfin, non… pourquoi ?

— Parce que je sens à ta voix que t'as un truc à me dire et que tu n'oses pas.

— T'es sûr que tu ne peux pas jouer ?

— Max, y a pas de match cette semaine, c'est la trêve et j'ai un œuf sur la malléole, je ne peux pas poser le pied. J'en ai pour quinze jours, alors dis-moi une bonne fois pour toutes pourquoi tu m'appelles !

— Bernard Laporte vient de m'appeler et il voulait te lancer contre les All Blacks à Marseille, suite à ton début de saison. Mais bon, vu que t'es un peu pété, je vais lui dire qu'il ne peut pas compter sur toi, c'est plus raisonnable.

— Attends, attends, j'ai comme l'impression que ça dégonfle d'un coup ma cheville. Ça y est, je marche, je cours à travers l'appartement, tu entends ?

Je crois que même amputé d'une rotule je dirais oui.

— Dis-lui que c'est OK, que ça va tenir et qu'il peut compter sur moi…

— Non, mon bébé, ce n'est pas raisonnable, repose-toi bien.

Il raccroche. Je ne sais plus où je suis ni ce que je fais. La glace me brûle la peau mais je ne fais plus gaffe à rien. J'ai une main dans la pizza, une autre sur la bouche et je pleure en regardant ma cheville enflée. Pourquoi tu ne me laisses pas tranquille, s'il te plaît ?

J'ai vite de quoi me rattraper. Le 27 janvier 2001, à l'issue d'un quart de finale de Coupe d'Europe à Jean-Bouin contre Pau, où ça gagne 39 à 16, je reçois un trophée des mains du patron du rugby européen qui me tape la claquante en me bousillant la main. Cadeau : une chopine de bière en argent avec gravé dessus « man of the match ». Je sais tout juste ce que ça veut dire… Je me retiens in extremis de préciser à ce British que je suis plutôt amateur de rhum-Coca light. Le présentateur de France 2 me tire le maillot. Est-ce que je rêve d'intégrer l'équipe de France dans les semaines à venir ? Le type au micro s'enflamme à ma place. Je vais pas fantasmer le bordel outre mesure, même si je suis déjà dans la liste de la réserve. On va tâcher de rester relax. Dans une semaine je rejoins la bande à Jauzion pour un match contre l'équipe réserve d'Écosse à Blois, alors il est temps d'aller mettre les jambes dans la glace. Et fumer une petite clope avec La Jouille et Domi, accompagnée d'une Heineken – ce n'est pas le sponsor du trophée pour rien.

Ça tourne un peu la tête, ça fait sourire aussi, de s'imaginer dans un champ de betteraves trois ans plus tôt avec les potes du village, à remplir des cagettes pour se payer des vacances dans un camping du Crotoy. Et de partager maintenant des moments énormes aux antipodes des coups de binette. Les bières gratuites ont remplacé la piquette, les crampons de marque les fausses baskets et les costards ont pris la place des jeans troués et des vilains joggings. Paris, tu es à moi ! Direction la troisième mi-temps, chez Castel ou au Pousse-au-crime. Je m'en fous, j'ai ma tunique de superhéros, il ne peut rien m'arriver.

Opération Dublin

Février 2001

Mes yeux ensuqués s'ouvrent péniblement. Des tuyaux, une perfusion, des draps rêches. Je distingue trois silhouettes penchées au pied du lit sur lequel je suis allongé. Un premier type s'approche de mon oreille et me souhaite un bon rétablissement. Un deuxième me serre doucement la main et murmure : « Bon courage. » Le troisième reste immobile, au garde-à-vous. Mon regard peine à faire le point sur les murs décrépis, recouverts d'un douteux papier peint marron. Dans la pièce flotte une odeur de mort. Ma bouche se plie. Aucun son n'en sort.

Les trois visiteurs disparaissent. Je tente de me redresser, en appui sur les avant-bras. Une décharge de douleur me cisaille le bas-ventre. Comme une lame de couteau. Je soulève délicatement le drap. Un énorme pansement mousseux recouvre mon abdomen.

Un raclement gluant retentit. Je tourne la tête vers la droite. Un vieillard en chemise de nuit me dévisage d'un œil torve, en souriant. À côté de lui, séparé par une fine cloison de tissu, un autre ancêtre somnole en ronflant. Un troisième est comme mort, les mains jointes sur le torse. En face de moi, quatre autres lits sont alignés. Des vieilles femmes allongées y reposent. Putain, mais ils m'ont foutu où? La morgue, l'enfer? C'est déjà la fin?

Mon voisin de droite éructe. Pris de spasmes, il vomit sur son drap. Plié en deux. Il ne se redresse pas. Immobilisé, je parviens à saisir une petite poire au-dessus de ma tête. J'appuie de toutes mes forces. Les secondes passent. Le vieux bougre poursuit son apnée, la tête en bas.

Une petite rouquine toute ronde, habillée en infirmière, s'avance enfin. Elle me flingue du regard puis relève et débarbouille l'octogénaire, avec autant d'affection qu'un robot. Le brouillard se dissipe de mes yeux. C'est dans mon anglais niveau collège que sortent mes premiers mots. « What happened yesterday for me? » La rousse, visiblement pressée de retourner à son feuilleton matinal, me lance en réponse : « Appendice, appendice. » Et claque la porte de la chambre commune.

Mon cerveau encore drogué établit la connexion. Retour arrière. Une ambulance, un sac de sport, la cuvette des toilettes, les tribunes de Lansdowne Road, un sandwich aux oignons.

Je suis à Dublin. Seul, visiblement. Ou du moins entouré de six petits vieux à l'étage gériatrie de l'hôpital local. Il y a quarante-huit heures, on dégommait l'équipe A irlandaise. Ça parlait de moi pour intégrer la grande équipe de France. Il y a vingt-quatre heures, j'allais voir les « vrais » Bleus pour leur match du Tournoi des six nations. Un sandwich aux oignons en main. Là, les suées froides me reprennent.

Ça puait l'huile de friture et la bière. Aux abords du grand stade, les gens couraient dans tous les sens. Les drapeaux verts flottaient au vent. Ambiance de kermesse. Armés d'épais hamburgers irlandais dégoulinants, nous crapahutions avec les Chabal, Nallet, Rougerie et autres compères de l'équipe de France A. J'avais la gerbe mais j'ai englouti quand même la chose. Steak, mayonnaise, et oignons en lamelles s'écrasaient en pagaille sur mon impeccable chemise bleu clair Eden Park. La lutte contre le burger fut acharnée. Des petits bonshommes, ivres de joie et bourrés comme des cantines, nous bousculaient en chantant. À chaque pas, je sentais mon ventre grogner. Un point de côté grossissait à chaque respiration. Je crachais à intervalles réguliers et manquai de vomir sur une femme à chapeau.

J'ai suivi les copains jusqu'à nos places réservées, tribune basse, dans les entrailles du stade. Quand le match a commencé, je n'étais déjà plus là. Mon champ de vision se comprimait au fil des minutes. La tribune du dessus semblait m'écraser peu à peu. J'ai fini le match plié en deux, sans avoir bougé de mon siège. Le stade s'est vidé, enfin. Je ne sais même pas si les Bleus ont gagné.

De retour à l'hôtel, j'ai séché le débriefing de notre victoire de la veille. Quand mon colocataire est revenu pour une partie de Playstation, j'étais toujours à genoux devant la cuvette des toilettes, pris d'hallucinations.

Mon cas inquiéta enfin. J'ai revêtu péniblement mon jogging de l'équipe de France et rampé vers une voiture qui m'attendait en bas de l'hôtel. Direction les urgences. Tout s'est accéléré. Des brancardiers m'ont ballotté vers une salle d'opération. Les lumières défilaient au-dessus de ma tête, aussi vite que le débit de leurs paroles. Je n'ai plus rien compris. Je sombrais.

« Appendice », donc. Je repense aux trois types penchés sur mon berceau. L'adieu des Bleus. Ils m'ont laissé là tout seul, comme un con. J'avise mon sac de sport, posé à quelques centimètres de ma main gauche. Après une dizaine de minutes d'effort, la cicatrice prête à exploser, j'actionne du bout des doigts la fermeture Éclair. Un paquet de clopes sans allumettes. Une Game Boy avec un jeu de golf mais sans piles. Et un magazine *Dublin Match*, une édition des années 80 atterrie là par hasard. Au fond de la chambrée, une vieille rote.

J'ai 20 ans, je suis l'ailier vedette du Stade Français. « Le cheval fou », qu'ils disent dans les journaux. À deux sabots des Bleus, et me voilà dans une chambre puante remplie de vieillards. Dans deux jours, Bernard Laporte doit annoncer la sélection pour le prochain match du Tournoi. Moi, j'ai le bide ouvert en deux. Je suis bien loin de tout ça.

Les heures passent. L'infirmière est toujours aussi aimable. Je suis devenu la nurse de mes camarades de chambrée. Une lady essaie de se faire la malle. J'appuie sur la poire et lui barre le chemin. Un papy s'oublie. J'appuie sur la poire. Au fil des conneries gériatriques, la liste des anecdotes à raconter aux copains s'allonge.

Au sixième jour, je quitte enfin ma petite garderie. La fédération, un rien gênée de m'avoir laissé tomber, me paye un rapatriement express. Le soleil n'est pas encore levé quand deux individus débarquent. Un grand échalas chauve et un moustachu à tête de patate. Pas la peine de dire « bye » à ma tribu. Ils dorment tous à poings fermés. Ou bien ils sont déjà tous morts.

Le moustachu approche une chaise roulante. Je tends une main pour m'y installer. D'un prompt raffut du bras droit, le chauve me bloque, dépose mon sac de sport sur le coussin et s'élance vers la sortie flanqué de son compère. Me voilà à courir derrière Laurel et Hardy dans le couloir. Après 500 mètres dans les boyaux sales de l'hôpital, on déboule sur l'ambulance. Les deux m'installent sur un brancard, mi-assis, mi-couché. Sans m'attacher. Ils montent à l'avant et font mugir les sirènes. Le véhicule, reliquat branlant de la Deuxième Guerre mondiale, fond dans les rues de Dublin à tombeau ouvert.

Pas le temps d'apprécier la vue. Après vingt minutes de rallye, le bolide s'immobilise en tressautant devant l'entrée de l'aéroport international. Je descends péniblement. Laurel pose mon sac à mes pieds. Hardy me secoue la main et me lance un ultime « good luck » avant de grimper à bord. Ils font gueuler la sirène et m'abandonnent dans un épais nuage de fumée noire.

Je traîne mon sac vers le guichet d'Air France. Dans l'empressement, ma parka bleu blanc rouge est restée au pied de mon lit. Pas de passeport. Je prépare un argumentaire de choc pour expliquer mon cas dans la langue locale. Mais va expliquer en roast-beef que tu viens de jouer un match de rugby une semaine plus tôt, que t'as bouffé un mauvais sandwich, que t'as chopé l'appendicite, que tu t'es fait opérer en urgence et que ta parka est oubliée à l'étage gériatrie… Surtout que la seule phrase construite que j'ai prête à l'emploi est « Poor Naps, alone in France ». C'était l'histoire d'un caniche british oublié de par chez nous. Putain de livre d'anglais de sixième. Et Mme Debraclair, qui imitait un mauvais biker sur sa « moped » en faisant vroom-vroom avec ses poignets… J'esquisse un sourire et me ressaisis en agrippant le guichet.

J'ai à peine ânonné « Poor Naps » que l'hôtesse me coupe. Elle est française. Sauvé. J'ai une subite envie de l'embrasser, de lui faire l'amour, mais la cicatrice me tire. Je me ravise et lui conte, tout sourire, ma situation.

Elle consulte son ordinateur et me délivre un billet première classe. Embarquement immédiat, porte « twenty-two ».

Lorsque je pénètre dans la carlingue, les passagers m'attendent depuis quarante-cinq bonnes minutes. Cent cinquante regards noirs me fusillent lorsque je plie ma carcasse et m'assois au premier rang. Mon ventre me lance. J'ai envie de prendre le micro et de prévenir les passagers qu'ils viennent de laisser monter le chat noir. En voyant les têtes de tueurs qui s'alignent derrière moi, je me ravise et décide de la fermer en me mordant l'intérieur des joues pendant la durée du vol.

Quand l'appareil se pose à Roissy, j'ai la bouche en sang. Raide comme un pantin, je déambule en survêtement vers le tapis roulant des bagages. Je vois mon sac en approche. Surtout, ne pas se déchirer les points de suture en le levant. Je prépare un mouvement de balancier quand une femme me devance et se jette sur ma cible. Elle soulève mon sac et me serre la main. « Au nom de la Fédération, je tiens à m'excuser auprès de vous et votre famille », dit-elle, la tête basse.

Je laisse là les amabilités. Je lâche un simple « thank you » et m'engouffre dans une autre ambulance. Direction la Clinique du sport, à Paris, pour finir de cicatriser en paix.

Couché à l'arrière, j'observe, à demi conscient, les nuages défiler par la vitre. De Roissy, le véhicule louvoie dans le trafic, par Saint-Denis. La silhouette immaculée du Stade de France se dresse soudain face à moi. Je me prends à m'imaginer un instant fouler cette pelouse en bleu, oubliant un temps mon aventure. Je revois mes derniers exploits sur le terrain. Mes trois essais en championnat, à Bordeaux. Bernard Laporte, mon ancien entraîneur de club, désormais sélectionneur de l'équipe de France, était dans les tribunes. On m'annonçait chez les Bleus. C'était il y a deux mois. J'y crois encore. Je ne sais pas que les portes de l'équipe de France se sont refermées, à Dublin, le jour de mon appendicite.

Le Lomu blanc

Mars 2001

Il pleut de l'Irlandais en rafales sur Villeneuve-d'Ascq. Les quinze gars du Munster ne lâchent pas l'affaire. Il reste cinq minutes de jeu et on en prend plein la gueule. C'est toujours comme ça contre les Irlandais. On plie mais on tient bon. À force d'attendre le coup de sifflet de l'arbitre, on n'y croit plus lorsqu'il retentit enfin. Le temps est suspendu. Surpris, barbouillé de sueur et de boue, j'attrape au vol le regard hébété de mon coéquipier le plus proche.

Les trois coups de sifflet signent la fin d'une lutte âpre contre les molosses du Munster, venus avec dix mille fans déchaînés, qui ont fait du Stadium Nord un chaudron ardent. 16 à 15. On se qualifie pour la finale de Coupe d'Europe. Face à un ailier aussi balèze que moi, j'ai tenu les quatre-vingts minutes sans me blesser.

Libéré, je cours tout droit vers un bout de tribune rouge. Rouge comme l'armée des supporters du Munster qui peuple les lieux. Mais ceux que j'ai repérés, à 100 mètres, me sont familiers. Je traverse le terrain à grandes enjambées, le maillot bleu aux éclairs fièrement moulé sur mon poitrail. Parmi le public qui rugit, je repère la cinquantaine de supporters venus exprès me voir depuis Beauvais.

Au milieu de ma délégation picarde, mon père et ma mère lèvent les bras et sourient. Je les regarde. Moi aussi, je lève les bras au ciel. Autour de moi, les copains font un tour de terrain, chacun a repéré les siens, battant des mains quelque part dans les tribunes.

La fin de saison approche. On est sûrs de nos forces. Un dernier regard aux parents et je m'engouffre dans le couloir qui mène au vestiaire. Je suis pris entre deux sensations. Le cœur qui bat à 10 000 à l'heure, encore l'excitation, et un sentiment d'apaisement. Les muscles se relâchent un à un, un état de relaxation, comme après un bel orgasme.

Quinze minutes de partage avec les gars, cinq de préparation. Je laisse derrière moi le cimetière vaporeux de notre effort commun. Un carrelage taché de sang, des canettes de bière éparpillées, des morceaux de pelouse incrustés au bac de douche, des centimètres de points de suture et cette odeur tenace et rance, mélange de transpiration, de savon et de pommades chauffantes. Je ressors dans mon costard de jeune premier. Prêt à affronter la meute.

Depuis quelques mois, je suis le mec hors normes. La révélation. L'ailier si prometteur, aux cheveux peroxydés. Déjà, les journalistes se font plaisir, ils recasent en titre les jeux de mots qu'on me faisait à l'école. « Poulain le cheval fou », « bon comme du chocolat », etc. Passage obligé, donc, devant caméras, micros et stylos à bille. Y en a certains que je ne peux pas blairer. Ils veulent les derniers ragots sur la nouvelle sensation et, en prime, une analyse tactique du match à peine achevé, pas encore digéré. Mais moi j'ai pas de recul, pas de vocabulaire ni d'objectivité. Et décortiquer pour eux le cinquième temps de jeu ou la conquête en touche m'est techniquement impossible. Ils m'annoncent depuis quelque temps comme l'un des « espoirs du siècle ». Ils pensent me connaître comme leur meilleur pote et parlent de moi comme s'ils me fréquentaient depuis toujours. Aucune psychologie. Faut vendre du papelard. Du haut de mes 20 piges je joue le jeu et, au fond, j'aime bien.

Un reporter radio tout excité : Ça vous fait quoi d'être surnommé le « Lomu blanc » ?

(Tu veux pas me bouffer le cul ?) Ça fait plaisir, je ne vais pas m'en plaindre, c'est un beau compliment. Mais je viens de Picardie, pas de Nouvelle-Zélande. Il y a trois ans, je ramassais les mauvaises herbes dans les champs de betteraves pour me faire 400 francs avant de passer le bac. Tout ça va très vite, je n'ai que 20 ans, et…

Un autre me braque un bout de mousse sous le museau : Alors, mon grand, on te sait aux portes de l'équipe de France, ça te fait rêver, non ?

(Si tu savais de quoi je rêve mon petit père : d'une bonne pizza, de sushis et de bières avec les potes, de campagne, de barbecue, de voitures de sport, de faire mon cinéma…) Il m'emmerde avec sa question mais je réponds quand même : Il y a encore pas mal de boulot en club avant de penser à une éventuelle sélection en équipe de France. Faut pas oublier qu'il y a encore huit mois je sortais de deux opérations coup sur coup et que je veux prendre le temps. J'ai pas le bagage technique d'un joueur qui baigne dans le rugby depuis la naissance, donc il ne faut…

Attaque-surprise d'une caméra rehaussée d'une lampe torche : Vous allez jouer votre première finale, à 20 ans. Vous rêviez d'être là où vous êtes aujourd'hui ?

(Bordel, moi je me voyais motard dans la police, je voulais être comédien, être docteur, aussi, quand

je jouais à touche-pipi avec mes copines dans la grange de chez mes parents. Jamais je n'avais rêvé de devenir rugbyman professionnel, ni même de jouer une demi, même si ce que je vis est énorme... Bien sûr que c'est bonnard de jouer des matches avec des types aussi bons humainement : Domi, Venditti, Comba, Bibi Auradou, je voudrais tous te les citer...) Je desserre un peu mon nœud de cravate : J'avoue que vous m'auriez dit ça il y a cinq mois je vous aurais répondu d'arrêter de vous foutre de moi... Mais là c'est plutôt sympa à vivre et je savoure chaque instant, surtout à côté de mecs comme ça.

Derrière moi, deux cadors de l'équipe franchissent le seuil du vestiaire. Les caméras me délaissent pour faire la cour aux maîtres tacticiens. Voilà, messieurs, merci bien.

Je chemine vers la sortie du stade. Toujours faire bonne figure. Pourtant, j'ai chaque jour au fond de moi ce goût amer de fer dans la bouche. Une vis, des agrafes, je commence à ressembler à un meuble suédois. Des tonnes de fonte levées, des kilomètres cavalés, des soins à plus savoir quoi en foutre et toujours le même sentiment de dérobade. Je mets ça de côté et arpente le couloir, vers le bus de l'équipe, sourire aux lèvres et liquette bien repassée.

Un ultime obstacle à grosse bedaine me barre la route. Un supporter. Le moustachu toujours bourré qui me postillonne à la gueule : « T'as été au top sur le pré, par contre le premier essai t'aurais pu l'éviter si t'avais bien plaqué, hein... » Je fixe alors le type et l'imagine en tenue de combat, crampons dorés aux pieds, élasto aux oreilles et cuissard aux genoux. Il est dans les starting-blocks. Son maillot trop petit laisse dépasser sa panse généreuse. Le coup d'envoi est donné. Je me vois, dans l'équipe adverse, le bras renforcé par trois couches d'élastoplast pour lui assener une énorme manchette moldave. Le choc est terrible. Le bruit assourdissant : « Ousss. » Il s'enroule autour de mon bras avant de retomber mollement sur le sol.

Je reviens à la réalité et je le vois tout baveux, crachant son venin et sa frustration. Je me contiens et murmure : « Je suis désolé, je ferai mieux la prochaine fois. » Il a déjà tourné les talons et disparaît drapé d'un étendard frappé des trois éclairs, encore dans son match.

Mon costume de héros tombe enfin. J'aperçois ma mère au bout du couloir. Toujours les larmes aux yeux. En retrait, mon père. Il porte la parka noire que j'ai reçue en double à la signature de mon premier contrat pro. Son seul regard brise les restes de mon armure. « Ça va ? » me demande ma mère, tout à la fois fière et inquiète. Sans rien répondre, je les enveloppe de mes gros bras.

Comme des taureaux fous

Avril 2001

La tête me tourne. Je titube. J'essaie de faire bonne figure devant les copains mais j'en bouscule deux en fonçant vers les toilettes du vestiaire. Je m'accroupis et vomis la collation ingurgitée deux heures plus tôt. Je me fige un instant, le souffle coupé, regrettant déjà la dernière clope fumée en quittant l'hôtel. Au-dehors, il fait plus de 30 °C. Une chaleur moite qui colle à tous les pores de la peau et remplit le crâne d'un jus mortel. Au sous-sol du stade de Béziers, notre groupe se soude avant d'entrer en piste. L'arbitre frappe à la porte. On se serre plus fort encore, une dernière fois, pour amplifier nos forces, les pousser au maximum avant de se placer en file indienne dans le couloir qui mène à l'arène.

Tout à l'heure, j'ai fait mon tour de terrain rituel, le long des lignes, avant que les gars sortent pour l'échauffement. Dans les écouteurs, poussé à fond, Rage Against the Machine, « *Know your enemy* ». Mais aujourd'hui le rock sauvage n'a pas renforcé mon armure. Je tremble. Je ne me sens pas à ma place.

On remonte vers la pelouse, aveuglés par la lumière blanche du soleil. Comme des taureaux fous, les joueurs biterrois nous observent les yeux injectés de sang. C'est la première fois qu'on les croise de la journée. Ils n'étaient pas sortis pour s'échauffer, laissant suggérer par leur huis clos une envie féroce de fendre du Parisien. La chaleur m'accable. Je perds l'équilibre. J'ai peur d'entrer sur le terrain.

Je n'entends plus rien. La scène se fige. Je me revois, treize ans plus tôt, entrant sur ce même terrain du Stade de la Méditerranée pour un tournoi en benjamin. On est des gosses. On joue seulement pour s'amuser. Je serre dans mes bras mon meilleur pote, Luc, admirant notre capitaine de l'époque brandir la coupe devant cinq spectateurs. J'ai commencé le rugby avec lui, à 7 ans, et je sais qu'il est mon ami. Il est là aujourd'hui dans les tribunes. Il attend, aux côtés d'une bonne dizaine de milliers de spectateurs, l'entrée fracassante des deux équipes.

Nos crampons griffent enfin l'herbe, à la limite de la lave. J'entre en marchant. Je me retourne, affolé par les applaudissements, la musique et les bruits qui s'entrechoquent.

L'équipe de Béziers déboule. Je vois surgir des pitbulls, des dogues allemands, des lévriers tous atteints par la rage, prêts à bouffer du parigot. Un gigantesque drapeau rouge, presque noir, ondule sur la tribune face à moi. J'aimerais être en dessous, tout petit, m'y réfugier avec mon ami.

Au coup de sifflet, groggy par la moiteur, j'ai déjà le goût du sang dans la gorge. La chaleur me brûle les poumons. Je ne suis pas prêt. Je n'ai jamais été prêt à vivre ça. Le match commence à peine. Je vois des hommes voler.

J'attends en spectateur, au bord de ma ligne de touche. Le jeu bascule vers moi. Mon équipe se replie. Christophe Juillet me transmet le ballon en cloche. Trop tard pour crier ou jeter l'éponge. J'ai peur. Pourquoi à ce moment-là ? Aucune idée. À moi de dégager notre camp. J'ai à peine saisi la balle que trois buffles me rentrent dedans. J'explose. Noir complet. Étalé sur l'herbe brûlante, je rouvre les yeux. Un dragon tournoie dans le ciel. Tu me boufferas pas cette fois.

Je me redresse. Je reprends ma place en titubant. J'ai les parties anesthésiées et je ne peux plus lever les bras. L'os sterno-claviculaire est démonté. Mais c'est ça le rugby, donc je reprends mon poste en serrant les mâchoires. Je suis un bonhomme, il faut que j'assure. Le match est télévisé, je dois faire bonne figure.

Après cinq minutes à regarder filer ballon et taureaux, je ne peux plus courir. Je demande à sortir, sans même pouvoir lever la main vers le coach. Luisant de sueur, le corps cassé, je claudique vers le sous-sol. Seul dans le vestiaire qui bourdonne en sourdine, je baisse mon short et observe le carnage. À moitié conscient, je me retrouve à l'arrière d'une ambulance, puis aux urgences. Échographie, le slip sur les chevilles. « Tout va bien », me dit le médecin. Rien de grave. On me fait monter dans une chambre. J'y retrouve un frère d'armes, Sylvain Marconnet, taillé en pièces, victime d'un KO quelques instants après ma sortie. On rigole ensemble cinq minutes. Après deux Myolastan et un Valium, on s'endort comme des bébés.

Le lendemain matin, Luc nous ramène à Montpellier dans sa Fiat Ritmo. J'ai mal, mais ça fait marrer les potes. Surtout que dans l'avion je ne peux pas m'asseoir correctement. Déjà catalogué « bouffon » de la bande, je poursuis mon petit numéro comique. En façade.

Une nuit sans dormir. Je pisse du sang au réveil. Examens à la Clinique du sport et départ de toute urgence vers l'hôpital Cochin. J'entends les mots éclatement, hémorragie, intervention immédiate. Je ne comprends rien. Un anesthésiste me parle à son tour de péridurale, me dit que je ne sentirai rien. Le chirurgien me raconte que depuis quarante-huit heures mes parties baignent dans le sang. L'une des deux a explosé en trois morceaux bien distincts. Il est urgent d'opérer au plus tôt car l'hémorragie risque de provoquer une nécrose. Quelques instants plus tard, je me retrouve allongé, endormi du bas-ventre. J'assiste en direct à mon opération. L'espèce de soucoupe volante accrochée au plafond, qui aide les chirurgiens à procéder à ma demi-castration, est orientée de telle manière que je suis aux premières loges pour observer la boucherie qui s'opère un peu plus bas. Je tombe dans les pommes.

Avec les Bleuets

Juillet 2001

La prostitution sévit dans le quartier de Kings Cross, à Sydney. Nous l'ignorions avant de sortir de notre hôtel, stratégiquement placé. L'équipe de France des moins de 21 ans est en Australie pour disputer la Coupe du monde. J'en fais partie, ravi de rejouer avec des types de mon âge. Nous visitons donc le quartier, avant de passer à la partie sportive du programme. En jogging bleu frappé du coq, la délégation prend ses aises. Les mecs disparaissent au fur et à mesure que l'on remonte la rue principale. Après avoir joué en France A aux côtés de futures stars des vrais Bleus, comme Chabal, Nallet et autres Rougerie, je poursuis le passage en revue des meilleurs rugbymans du pays. Parmi les jeunots lâchés dans les rues de Sydney, je côtoie Imanol Harinordoquy, Fred Michalak, Dimitri Yachvili, Nicolas Mas ou encore Thierry Dusautoir… Certains sont encore tout timides, mais on forme tout de même un bon groupe d'abrutis talentueux.

Pas le temps de digérer le décalage horaire ni la finale de Coupe d'Europe loupée quelques semaines plus tôt pour cause de KO testiculaire biterrois : nous voilà trois jours plus tard face aux Australiens, considérés comme les favoris du tournoi. *La Marseillaise* fait toujours son effet, même s'il n'y a que dix-sept spectateurs dans les tribunes. On est chauds comme la braise, prêts à fendre des citrouilles à grands coups de tête.

À la demi-heure de jeu, on est menés de quelques points quand je vois un intervalle au milieu du terrain. Deux crochets plus tard – les seuls de ma carrière – je finis entre les perches après une course de 30 mètres, manquant au passage de perdre quelques côtes en plongeant dans l'en-but. C'est à la mode dans le coin, je vais pas m'en priver. Mon premier essai sous les couleurs de la France. Youpi ! Deuxième mi-temps. Rebelote. Petit coup de pied par-dessus, je cavale après la balle et la récupère après un contrôle involontaire de la cuisse. Essai. Le deuxième et le dernier sous le maillot tricolore. Eh oui. On prend un essai en fin de match. 28 à 23 pour les Wallabies. C'est plié. On rentre dans notre bois de Boulogne australien, et c'est là que tout se gâte.

Match contre les Samoa. Des types deux fois comme nous qui plaquent au niveau de la carotide avec des bras plâtrés à l'élasto. Du très lourd. Ce que je ne sais pas, c'est que les cassettes vidéo tournent et qu'ils ont vu et revu notre premier match. Ils ont pisté l'arrière Poulain et ses deux essais. La mise à trépas commence juste après leur haka bestial, au coup d'envoi. Après une passe sur un pas de Peyrelongue, je vois un trou entre deux bleus des îles. J'accélère, confiant dans mes cannes, et m'engouffre dans la brèche. En une fraction de seconde je vois un éclair, des étoiles, des strings, des nounours et des bougies. Stoppé net dans ma course par le bras d'un mastard venu s'enrouler violemment autour de mon cou. La cravate de ce jeune autochtone me met à terre. Je me relève péniblement et je reprends ma place en boitillant.

Cinq minutes plus tard, on est à 5 mètres de leur ligne quand je reçois une passe un peu haute venant de la gauche. Je me dis que je vais tenter une passe sur un pas, acrobatique, car je vois une marée bleue me foncer dessus. Je fais ce qu'on appelle une claquette, un peu forte, envoyant la balle droit en touche. Le jeu s'arrête, mais pas les défenseurs samoans, lancés comme des balles. Pris en porte-à-faux par deux types, l'un percutant mon buste et l'autre mes genoux dans le sens contraire, ma jambe d'acier craque et s'envole comme une nuée de mouches sur le cul d'une vache balayé par sa queue. Mon corps est à terre, dévasté par le choc. Mon genou enfle à vue d'œil, je ne peux plus marcher. Et merde, pourquoi tant de violence ? Il fait beau pourtant et l'après-midi avait bien commencé, je me serais bien vu bouffer des huîtres avec ces gros dodus d'en face. Pourquoi ils me font ça ? Le lendemain, verdict de l'examen médical : ligament croisé postérieur pété. Fin de la compétition selon le médecin australien en charge du diagnostic. Mais ni le manager des Bleus ni même le staff ne l'entendent de cette oreille. Je suis soi-disant un « élément fédérateur » du groupe, je dois jouer le prochain match contre l'Afrique du Sud.

J'ai un genou de berger allemand, un moral en mousse, et je me retrouve à chanter *La Marseillaise* avec mes potes, la jambe strappée par trois kilos de plâtre. Je ne suis pas en confiance, je ne peux pas jouer. Putain de statut de meneur. Huit minutes après le coup d'envoi, je réceptionne un ballon sur le côté droit et je relance. Je fais 5 mètres et je m'affale, tout seul, au milieu du terrain. Le genou n'a pas tenu.

Je rentre en France sans avoir vu de kangourou.

Le show a continué sans moi. Quelques années plus tard, la plupart des mecs de l'équipe des moins de 21 ans ont touché à l'équipe de France, la vraie. Moi, la pluie de mes souvenirs des antipodes me réveille de temps en temps le matin. Et puis j'ai accroché un panneau « Attention, Koala » plastifié au-dessus de mes chiottes.

Dans la confrérie

Novembre 2001

Au programme du week-end d'avant match : golf, karting, grandes bouffes et deux entraînements légers histoire de digérer le pinard et les côtes de bœuf. J'aime bien la philosophie des Barbarians, tiens. Cette équipe mythique, sorte de confrérie du rugby de papa, m'accueille dans ses rangs pour un match amical contre les Fidji, à Toulon. Ma plus belle invitation.

Il y a d'abord ce Russe. Sergeev. Un monstre qui ferait passer Ivan Drago – le méchant dans *Rocky IV* – pour un enfant de chœur puceau à peine déboutonné. À son contact, je m'initie à un enchaînement technique qui m'était inconnu. En général, en matière de tequila, on lèche le sel, on tape le verre, on boit cul sec et on croque le citron. Pas avec Sergeev. « Un : tu sniffes le sel. Deux : tu bois sans frapper. Trois : tu te fous le citron dans les yeux. » Je ne me suis pas échappé. J'ai failli perdre la vue et l'odorat mais j'ai tenu. On a fini la soirée bras dessus bras dessous à chanter du Polnareff.

Parmi les bons types qui peuplent le vestiaire, je fais la rencontre d'Olivier Roumat, mon idole de jeunesse qui m'avait remis une médaille quand j'avais 12 ans et de Franck Tournaire – dit le Roux. Lui, je l'avais vu plusieurs fois à la télé. En larmes, faisant le tour du terrain avec sa fille sur le dos après la demi-finale de Coupe du monde 99, et quand il arrivait à l'entraînement, à Toulouse, en Ferrari ou en moto à trois roues avant les matches télévisés. Il m'a fait rêver, ce type. Et il est là devant moi à chausser ses crampons en balançant des conneries à Bernat-Salles, le renard argenté. Je découvre que c'est un vrai gosse, comme moi, amusé de tout, mais un papa quand même au milieu des darons. Aux chiottes les boîtes clinquantes et les bagnoles de rêve, les putes de luxe et les fantasmes de millionnaires, ce rêve est simple et vaut tout l'or du monde.

Dans les recoins du stade Mayol de Toulon m'apparaissent Serge Blanco, Jean-Pierre Rives, Éric Champ et Serge Kampf, le grand argentier du rugby Barbarians. Si les dieux du stade existaient pour de vrai, je crois bien que tous ces types seraient leurs baby-sitters et qu'ils les élèveraient à grands coups de valeurs humanistes et de bonnes bouteilles de pinard. Tous ces vieux briscards aux cicatrices qui plissent les yeux et gonflent les arcades fossilisées font l'histoire du rugby français. Ils ont des oreilles en chou-fleur, à l'ancienne. Il y a pas de triche. Je dois être à la hauteur. On perd 17 à 15, mais bordel que c'est bon de jouer dans ces conditions ! On me l'enlèvera pas, celui-là.

Chippendale

Saison 2002-2003

Un hangar désaffecté, quelque part dans le nord de Paris. Je retrouve Yannick Larguet – dit Yaya, un ami de longue date, pas épargné par les pépins physiques lui non plus. Le même gabarit que le mien, à peu de chose près. On se raconte nos blessures et on se marre, alors qu'une maquilleuse nous huile le corps de monoï pour bien faire ressortir nos muscles et nos cicatrices. Le photographe cherche le spot pour « la photo ». Celle qui apparaîtra dans le prochain calendrier du club, « Les Dieux du Stade ». Il avise un coin glauque. « C'est là », dit-il.

C'est parti. Poses lascives, regards libidineux, les mains sur les fesses au milieu des crottes de pigeons, une large corde passée autour du cou. Les pectoraux sont bien formés, les coupes de cheveux millimétrées, le tableau est parfait.

C'est le même rituel depuis trois ans maintenant. Un coup de fil de notre président Max un jour d'été a valeur de convocation officielle. Il a eu la bonne idée, un soir de novembre 1999, de créer un catalogue de bonshommes genre chippendale aux poses érotiques, dans le but de « démocratiser l'image du rugbyman ». Le concept n'est pas mauvais, ça change de la réputation du type bourru, même si celle-ci faisait partie du jeu, avant et ailleurs.

Le truc, c'est que Paris c'est Paris et le patron ne fait pas comme tout le monde. Depuis trois ans, l'inspiration évolue. On est passé des statues romaines en noir et blanc au calendrier couleur à poser avec des chiens, des poneys, en rollers, en train de pisser contre des murs, en cage, à enfiler des ballons de rugby ou à peindre des œufs avec un tablier, les fesses à l'air. Cette année, j'apparaîtrai sur une plage de sable blanc, allongé à plat ventre sur une serviette rouge, le cul blanc fraîchement poudré et les jambes bronzées bien comme il faut. Un tube de baume solaire en forme de gode trône à côté de mes fesses. De l'autre côté, des raquettes de plage sont négligemment déposées sur le sable blond. Magnifique, formidable, « *don't move* » lance le photographe que j'ai envie d'emplâtrer.

Il fait froid dans ce putain de trou à rats. Max n'est jamais très loin et choisit les clichés qui feront le plus vendre, la fameuse photo qui fera gueuler, saliver, mouiller ou bander, selon les goûts. Entre nous, à la sortie de chaque œuvre d'art, c'est la cacophonie. En général, ça se passe le mercredi midi où Max, tout émoustillé, nous offre un exemplaire à chacun. Ça taille, ça balance. Chaque pose, chaque regard et chaque attitude sont décortiqués. Peter se fait éclater par Bibi qui ne comprend pas comment on peut décemment poser avec sept bulldogs anglais. Venditti en prend pour son grade, la chevelure au vent sur un canasson au clair de lune. Des mecs dans une jeep sur la plage, des types en crampons à poil dans les tribunes, un mec enculant un ballon (ça c'est moi… youpi), un autre sur un hamac, la bière à la place de la piche, le regard genre « tu aimerais boire dans ma bière hein ? ». Les pages tournent et les rires éclatent. Ça fait partie du jeu. Après tout, on assume, les paumettes rougies tant par la honte que la pudeur, le bout de fesse bombée ou la main posée sur le pectoral d'un pote lors d'un instant d'égarement.

Sur papier glacé, le regard est fier et concentré. Mais dans notre hangar sale, entre deux poses, ça chambre sur la taille des attributs et les frasques de nos quotidiens respectifs. Même âge, même passion, même poste et même parcours chaotique. On sait, Yaya et moi, que nous sommes des privilégiés, malgré les traces de chair ouverte. Nous sommes les dieux d'un stade, juste le temps d'un cliché, pseudo-héros gonflant leurs muscles entre quatre murs décrépis. Laminés par l'histoire.

Malgré les blessures, je suis un putain de veinard. Je vis dans un microcosme. J'ai été voir la finale de la Coupe du monde en 1999 en jet privé quand mes potes entraient à la fac et galéraient pour avoir leurs partiels. À 20 ans, je prends 20 000 balles par mois, je roule en Audi TT, je voyage de ville en ville chaque week-end à jouer à la balle devant des stades bondés. J'ai 70 m^2 en plein Paris avec toujours deux ou trois colocs à l'intérieur, j'ai des amis qui jouent avec moi chaque jour et en plus on gagne. On écrit sur moi dans les journaux. Je me régale aussi de la presse de caniveau, me noircissant du moindre ragot et de la plus belle paire de fesses. Je me nourris des stars éphémères, goûtant à leur pseudo-bonheur sur papier glacé. Sur un coup de tête je pars à Deauville un dimanche pour aller jouer au casino. J'ai des billets à aligner.

Je ne sais pas remplir ma feuille d'impôts. La sécu ? Connais pas. Une mutuelle ? Ça veut dire quoi ? Je n'ouvre même pas mon courrier. J'ai une femme de ménage, des fringues gratuites, des restos payés, des bouteilles offertes et des filles pas loin. Avec elles je simule, je stimule, on s'active. Amour et mélancolie. Je consomme le sexe sans savoir où est l'amour et le plaisir. Je fantasme, j'amalgame. Je suis fatigué de la confusion alors je consomme sans jugement. Je me loupe elles m'insultent, on se rate elles me lattent, je suis bon elles s'accrochent. Et je me casse. Célibataire, je suis un con. Mais j'ai du pognon alors certaines me font les poches. D'autres tombent amoureuses de moi sans voir que je ne suis qu'un mirage, une petite imposture. Mais c'est le jeu. Je vais de coups de cœur en coups de cul éphémères car elles me font peur avec leurs regards. Un éternel recommencement. C'est la fuite en trois minutes, en trois heures ou en trois nuits, jamais plus. Je suis un don Juan en mal de confiance qui apprend et qui expérimente.

J'ai ma gueule en 4 par 3 à chaque coin de rue, dans les aéroports et dans le métro. Je vante les mérites d'une marque d'électroménager coréenne au slogan évocateur : « Un petit pas pour l'homme, un bond pour sa femme. » Je suis en photo, à genoux et tout gonflé, devant un frigo, amenant, tel un lanceur grec de l'Antiquité, un chou-fleur au troisième étage du congélo. C'est cadeau. Le truc c'est qu'à chaque déplacement avec l'équipe on prend l'avion et je me fais éclater par tous les potes à notre arrivée à Orly. Ce con de sponsor n'a rien trouvé de mieux que de foutre la pub sur les portes des ascenseurs.

En parlant de sponsor, j'ai un équipementier qui me file des paires de crampons à gogo et des cartons de dotations en veux-tu en voilà. C'est cadeau aussi. Avec en prime un petit crédit de 3 000 euros à flinguer dans l'année. J'accumule, j'entasse et mes potes étudiants sont ravis. En plein boum Internet, j'ai aussi un site à mon nom : www.raphaelpoulain.com. Pas la peine de taper l'adresse sur votre ordinateur, il a disparu après un mois sans décoller. Sans parler de ma société « Poulain Communication ». Ça le fait, non ? Oui, sauf que je gère rien du tout. Tout comme mon comptable, qui a trouvé en moi le pigeon idéal à plumer. Cette enflure en qui j'ai confiance me demande quatre chèques en blanc pour les impôts : « Ça évitera de vous déplacer quatre fois, on s'occupe de tout » qu'il dit, le chien. J'ai de l'argent à foison, il est normal de payer ses impôts, non ? Alors je donne sans hésiter, sans même y voir une once d'arnaque. Il y a des balais à chiottes partout, toujours prêts à récurer le moindre euro. Je suis le seul bougre en France à payer des impôts quatre fois par an. J'ai même la carte Gold au nom de « Poulain Communication », et deux chéquiers... Ce qui me permet de claquer encore plus d'oseille en fringues et bagnoles. C'est beau l'indépendance, malgré les vis dans mes épaules.

Et quand je suis blessé, je fais la promo des calendriers. Je passe à la télé et ça me plaît, je ne peux pas le cacher. À défaut de crever l'écran en tant que joueur, je joue le chippendale, le proto de service, toujours prêt à montrer ma gueule et mon cul. Je n'ai pas encore honte. Je suis insouciant. J'emmerde le qu'en-dira-t-on et je me fous des gens. Sur France 3, j'enlève le haut pour l'anniversaire de l'animatrice. Sur Paris Première, au dernier étage de l'hôtel Bristol, je prends un bain avec des potes en gueulant « ah oui, c'est un beau cadeau de Noël... ». Sur Canal +, un soir en direct, on débarque comme trois blaires sur le plateau avec des tee-shirt aussi moulants qu'un string taille S porté par un pilier.

Mon premier plateau télé date de 1999, avec la bande des Reichel. Invités pour chanter « Paris est une blonde », on avait préparé la chorégraphie pendant une semaine avec les pom-pom girls. Foutez une bande d'abrutis à peine déniaisés au milieu de huit nanas plus excitantes les unes que les autres, donnez-leur bien sûr quelques bouteilles de champagne avant l'enregistrement et c'est la catastrophe assurée. Max s'en va les larmes aux yeux, stressé par ses bébés qui font n'importe quoi à cinq minutes du tournage. Momo Blin le rattrape et le rassure avec un de ses discours dont il a le secret. La musique est lancée. Le champagne monte au cerveau avec la chaleur des spots. On gigote dans tous les sens, on mate les gonzesses qui se frottent. On agite les micros comme des haltères. Les paroles sont oubliées et la choré massacrée. Matthieu Glavany – dit Francis – ne fait que répéter : « Ta chatte ta chatte ta chatte » en boucle et plein fer face caméra.

Je n'ai pas le temps de penser. Je m'achète un téléphone par mois. Ça déborde des tiroirs. J'ai pas la grosse tête mais je flambe. Je suis dans une bulle dorée malgré les cicatrices qui me lézardent le cuir. Pas le temps de penser : les portes des plus grosses boîtes de nuit s'ouvrent devant nous. À Paris, à Toulouse, à Bordeaux, à Beauvais (le seul endroit d'où je me suis fait virer). Même, en rééducation à Capbreton, j'ai le droit d'avoir une chambre cinq étoiles avec vue sur la mer. Tout ça parce que je joue au Stade Français. Elle n'est pas belle, l'histoire ? Je ne suis pas dans la réalité mais je n'en sais rien. J'y suis depuis trois ans, dans le truc, et je ne connais que ça de Paris.

Je suis Robin des Bois. Je prends l'argent que je distribue à tout-va. Je partage ma vie avec mes proches, sans calcul… En cinq secondes je commande une semaine à Corfou pour Luc et moi. Sept jours de n'importe quoi cocktailisé. Ça me coûte un bras mais j'aime ça. Nier mon addiction à la clope et la bouteille serait mentir. Je sors trop et en même temps l'impression d'abandon m'étouffe. En plein dans le rhum, je suis un gosse ivre mort qui erre dans Paris en fin de nuit.

Un soir comme un autre au VIP. Le Stade Français débarque. Ça drague, ça gigote, ça alpague, ça picole et ça colle. On resserre les liens à grands coups de bière et de rhum. Nani fracasse un écran plasma en dansant à l'argentine, Domi est assis sur un trône rouge rehaussé de dorures et parlemente avec les anciens. Pierre lâche quelques pas de danse les bras en l'air et les yeux fermés. Jérôme, tout aussi fin danseur, s'agite autour d'une barre de strip-tease la chemise ouverte. Les bières pleuvent. Les tranches de rigolade s'empilent.

En fin de soirée, j'avise une belle blonde de l'autre côté du bar circulaire. Je suis fin rôti, presque à flamber au porto, mais en un sourire et deux trois mauvais clins d'œil, la biche est charmée. On s'approche l'un de l'autre, mi-bourrés mi-taquins. Après une coupe de champagne à 20 euros, aux frais d'un des sponsors du Stade, me voilà galant homme à l'emballer fissa, l'enlaçant de ma langue goût rhum ambré. Hummm… J'aimerais pas être à sa place, à la mignonne.

Le drame survient à 5 heures du matin. Je l'embrasse tendrement, ne percevant qu'à moitié l'odeur de cochon grillé qui émane de nos deux corps, certes en fusion. Tiens, ils se sont diversifiés au VIP, ils font barbecue en fin de soirée ? Je décolle mon museau de sa bouche pour jeter un œil aux grillades. Une longue flamme dépasse du dessus du crâne de ma partenaire. Dans un calme presque étrange, je montre du doigt la crinière flambée en lui lâchant un malhabile : « Euh, je crois que t'es en train de t'enflammer, là… » Elle s'avance vers moi et crie : « Non, mais pour qui tu te prends, salaud ! » N'ayant ni seau d'eau ni lance de pompier sous la main, me voilà au milieu de la boîte en train d'assener quelques nuquettes sur sa chevelure afin de circonscrire l'incendie naissant. Ma blonde détale alors vers les toilettes, laissant derrière elle un intense fumet qui n'est pas sans me rappeler l'été picard, dans les jardins ensoleillés, au moment des grillades.

Sans enquêter trop, je découvre l'arme du crime. Une épaisse bougie plantée au milieu du bar. Dans un élan d'excitation, j'avais plaqué ma belle contre le comptoir afin de pouvoir confortablement me fendre de quelques pious sauvages. Ses longs cheveux soyeux, couleur des blés, sont alors tombés en pluie sur la chandelle. Je n'ai pas recroisé ma belle depuis son furieux départ vers les toilettes. Quelques semaines après l'épisode, une fille vient à ma rencontre alors que je chemine près des Champs-Élysées. « Tu ne me reconnais pas ? » dit-elle en battant des paupières. Aïe ! aïe ! aïe !… Non, je suis désolé… On était à l'école ensemble ? On a joué à touche-pipi dans la grange ? Ah, si… « Alexandra, 1re ES 1 au lycée du Saint-Esprit, je me souviens. — Pas du tout, me jette-t-elle à la figure, clairement sur les nerfs. Je suis Annick, on s'est furtivement croisés en fin de soirée, au VIP… » Oups, désolé, Yannick, pardon, Annick. Pas le temps d'en dire plus qu'elle se fait la malle en tortillant du fiacre, nonchalante et vexée. Je ne l'avais pas reconnue avec ses cheveux courts.

Chaque lendemain de bringue de ce type, c'est le brunch obligé pour les plus téméraires. Vers 13 heures, voire 16 heures. Le rendez-vous des superlatifs et des exploits de la veille, sur le terrain et en soirée. Ce fameux débriefing est important pour les ego entre braguettes. On est de quatre à huit costauds, encore fumés comme des saumons et attablés tantôt dans le Marais, tantôt dans le XVIe ou vers Saint-Germain, à se raconter le placage destructeur pour les uns, la nana emballée pour d'autres, l'erreur de placement, le travelo bourré, la passe sur un pas, la donzelle baisée dans un parking des Champs-Élysées, la bagarre à la trente-huitième minute, le type qui s'endort le nez dans le gazon, la jeune fille ramenée à la maison complètement bourrée vers 8 heures après la bavette échalote sauce normande du Old Navy. La surenchère d'anecdotes fait partie du jeu.

Lui : Val, je te fais un café ?

Elle : …

Lui : Valérie… Oh ! Je te sers un caouah ou bien ?

Elle : On se connaît depuis quand toi et moi ? Un mois, un mois et demi ? Que t'invites d'autres nanas ici, je t'en veux pas, on n'est pas mariés et t'es trop con pour te maquer. Que tu pisses sur la cuvette, c'est ton problème, c'est pas chez moi ici, même si les trois gouttes sur le sol chaque fois me débectent au plus haut point. Mais que tu m'appelles Valérie alors que moi c'est Vanessa, là, ça me reste en travers de la gueule.

Le mec se lève pour se défendre… et tente d'en placer une…

Elle : Reste assis, tu risquerais de te claquer. Merci pour la petite sauterie, c'était… passable. Pauvre type.

Le groupe qui est en train de se mettre en place fait peur autant sur le terrain qu'en dehors, par ses conneries de gosses. Je crois bien que c'est ce qui fait gagner en fait. Momo Blin propose à la volée : « 50 euros pour bouffer ce que je viens de recracher… » J'accepte sans sourciller, le sourire aux lèvres. Un autre : 150 euros contre une motte de wasabi grosse comme une balle de golf, cul sec… J'accepte aussi, sans anticiper la chiasse qui m'attend vingt minutes plus tard. Ça fait partie du jeu, je vous dis. Le changement des répondeurs en Italie, la branlette à 10 000 mètres d'altitude, l'eau sur la chaise du voisin qui est parti te chercher un fromage blanc parce qu'il a perdu au chifoumi, les clefs planquées, les salières dévissées… Les gages et les gags se succèdent, les punitions font partie de la vie d'un groupe en pleine croissance. Rémy Martin, Benoît August et leur complicité, Moni et son calme légendaire, mais toujours friand de la dernière connerie, Domi et ses anecdotes de fou et Chaffardon le briscard, avec sa tête hors format et son menton de pélican qui, dans les vestiaires, te regarde en buvant du Synthol ou de l'alcool de menthe en grimaçant, les narines remplies de coton. Il y a Nani Corleto et ce bon Fillol, acolytes des soirées déjantées au VIP. Les soirs de match, la bringue est payée par les sponsors, alors on se permet tout. C'est la sortie des gosses, dans leurs belles bagnoles de sport de sportifs. Et les dimanches matin, cramé, je traverse Paris de long en large à bord de mon bolide. Les flics m'arrêtent régulièrement. Je suis fendu, mais l'écusson du Stade me sauve une bonne centaine de points sur mon permis : « Allez, Poulain ! Allez, le Stade Français ! »

Un bruit de branche cassée

Avril 2003

On est l'équipe à battre. Intraitable sur le terrain, le Stade Français version 2003 va crescendo vers son meilleur niveau de jeu et de conneries. Entre deux blessures, je fais mon boulot sur l'aile. Si bien que Max me propose un nouveau contrat, le 1er avril 2003. Un bon petit contrat, rondement négocié au coin d'un bureau. Clermont et Perpignan m'avaient contacté pour m'enrôler : les enchères ont monté. Mais pas question de quitter ce groupe de types tous plus fatigués les uns que les autres.

Les victoires s'enchaînent et, comme récompense, on a droit à un week-end à Eurodisney. On pose sur la photo avec Pluto et Minnie – qu'on pelote gentiment. On siffle des bières dans des rades de cow-boys en plastique. On bouffe des doubles rations de fayots dans des gamelles, devant le spectacle équestre de Buffalo Bill. C'est à celui qui gueulera le plus fort quand une nana fait le grand écart sur son canasson. Si on avait eu des flingues, sûr qu'on aurait tiré en l'air. Mais y en a pas chez Mickey. C'est le programme idéal pour souder un peu plus nos amitiés avant d'enfoncer la France de l'ovalie tout le printemps. Ça rend fou le rugby du Sud-Ouest mais on s'en branle : on trace notre chemin à travers les hordes de supporters qui nous accueillent la bave aux lèvres. Ils n'attendent que ça, bouffer du parigot.

Titulaire de la blague, de l'esbroufe et de la galéjade, je joue toujours en pointillé. Une blessure au mollet m'éloigne des terrains pendant un mois. L'occasion de parfaire la musculature du haut du corps. Je bats mes records. 160 kg en développé couché. La machine de guerre a fière allure. Je suis une espèce de bête humaine, gonflée comme un crapaud, boursouflée à l'hélium.

L'animal est régulièrement mis en démonstration pour soigner l'image de marque du Stade Français. Ce n'est pas mon taf, bordel. Mais je m'y plie… Ce 10 avril, c'est sur le campus d'HEC, partenaire du club, qu'une petite délégation du Stade est attendue pour un entraînement avec l'équipe de l'école suivi d'une rencontre avec des étudiants. La journée avance dans la bonne humeur quand, au moment du verre de l'amitié sans alcool, un type du bureau des élèves nous propose un concours de bras de fer, pour faire gagner un voyage à celui qui résisterait le plus longtemps face à l'un d'entre nous. Mon pote Benoît August refuse poliment. Jérôme Fillol aussi. Je dis oui. Mon manager, non loin de moi, ne moufte pas. C'est parti.

Je me retrouve perché sur une estrade, en plein milieu de l'immense hall de l'école. Une foule d'étudiants en contrebas attend le début des hostilités. Le premier candidat approche. Il ne tient pas dix secondes. Le second s'assoit face à moi en roulant des mécaniques. Je le plie en cinq secondes. La foule d'étudiants apprécie la performance. Un troisième gamin s'avance. Un petit mec qui ne paye pas de mine, tout rouquin, on dirait le frère de l'infirmière de Dublin. On se met en position, je force comme un fou quand un bruit de branche cassée arrête net la démonstration.

Je me lève, effrayé par le craquement. À mes pieds, une centaine de personnes bouche bée. Elles attendent une réaction, un cri, des pleurs, quelque chose. Mon concurrent a fait deux pas en arrière, il tient sa main sur sa bouche. Il articule quelques mots mais je n'entends rien d'autre que ce bruit de bois cassé, qui revient comme un écho sourd et lointain. J'ai tout à coup les jambes qui tremblent. Il faut que je m'assoie vite. Jérôme et Benoît ont enjambé l'estrade pour me soutenir. L'un me demande si je vais bien. L'autre me tient par la taille. Je me redresse et observe mon bras qui pend comme celui d'une marionnette, la main au niveau du genou. Je pense à une nouvelle luxation du coude. Pas de quoi s'inquiéter… Je manque de m'écrouler dans le public, statique et interdit. La tête me tourne et j'ai envie de gerber. Ce n'est pas normal. Je ne ressens aucune douleur, en fait.

On m'aide à descendre de la scène. Une fille vomit. Une autre tombe dans les pommes. On me porte. Benoît et Jérôme me frayent un chemin au travers des yeux hallucinés qui m'observent. Ils me déposent dans ma propre voiture, côté passager. Benoît démarre. Un violent spasme me traverse d'un coup l'épaule, le bras et la main. Puis, plus rien. À intervalles réguliers, une secousse me paralyse tout le côté droit du corps. On n'est pas encore arrivés à la clinique que je veux déjà tout oublier.

Fauteuil roulant, morphine, IRM, scanner, radios et je suis fixé sur mon sort. Mon bras a pivoté en un éclair à 180°. Fracture de l'humérus en biseau et en vrille. Le nerf radial est touché. Le chirurgien m'explique en gros que j'ai un biceps de gorille posé sur un squelette de bonobo… Il y avait trop de muscles là-dessus, ça ne pouvait pas tenir. Je suis un rugbyman à un bras. Avant l'opération, j'appelle mes parents pour leur dire. Puis mon entraîneur, Nick Mallett, qui me faisait confiance depuis le début de saison. Le bruit de branche cassée résonne en moi. Le téléphone me glisse entre les mains et je ne peux pas le rattraper.

Le rituel

Juin 2003

Les volutes de fumée de mon pétard se mélangent aux gaz d'échappement. Il fait bien 30 °C sur le périph' parisien. La crinière au vent, je dirige d'un seul bras un rutilant cabriolet prêté par le Stade au travers des embouteillages. Quatre anciens joueurs du club m'accompagnent. Direction la Picardie, où l'équipe première est en mise au vert, à la veille de la finale du championnat de France contre Toulouse.

J'ai chaud. La sueur plaque ma chemise à mon dos et perle sur mes joues. Mon crâne aussi bouillonne. Je ne comprends rien à ce que racontent les quatre papas du rugby que je transporte. Ils rigolent, j'essaie de faire de même. Je suis au bord du bad trip.

Après trois heures de voiture, je gare péniblement l'engin aux abords de l'hôtel des joueurs. Je manque de me déchirer le genou en m'extirpant du véhicule. Sur un carré de gravier, trois coéquipiers jouent aux boules. Plus loin, deux costauds font un ping-pong. Autour d'une table minuscule, un groupe bataille aux cartes. J'avance en claudiquant. Je suis défoncé par les joints et ce n'est pas plus mal. Un premier gars m'aperçoit. Tous mettent un terme à leurs activités et se dirigent vers nous.

Les larmes me montent aux yeux. Je serre les poings pour les garder au-dedans.

Un ami me prend dans ses bras. Un autre m'embrasse la tête sans rien dire. Un troisième me balance un clin d'œil qui en dit long. Dur de ne pas flancher. Un quatrième me chuchote avec tendresse : « Super, ta vidéo. » Avant la demi-finale, j'avais préparé un petit film pour les copains, le bras en écharpe, où, grimé en présentateur télé, je recueillais les encouragements de fidèles du club : les amis Page et Kelly, les patronnes du Pousse-au-crime, Jojo le supporter, Moudine le cuisinier et Sylvie et Vivi, les copines de notre cantine les Princes… J'avais ponctué le tout par une virée en string sur la pelouse du Parc des Princes, et un petit tour au théâtre du Splendid, un drapeau floqué d'éclairs entre mes mains. Ma façon de motiver les gars malgré mon bras arraché.

À quelques minutes du rituel de la remise des maillots, je quitte le groupe un instant. Qu'est-ce que je vais bien pouvoir leur dire ? Qu'ils me manquent tous comme jamais, depuis ce putain de 10 avril ? Que j'aimerais être au milieu d'eux au moment du coup de sifflet final, au moment de leur victoire ? Je m'écroule au pied d'un arbre et ferme les paupières.

Je me revois dix ans plus tôt. C'était à quelques kilomètres d'ici. Un grand soleil, comme aujourd'hui. Je galope sur un terrain de rugby, le maillot rouge et blanc sur le dos et l'écusson du Beauvais XV Rugby Club cousu sur le cœur. Je réceptionne un coup de pied au milieu du terrain. Les défenseurs adverses sont loin. J'ai le temps d'armer un gros drop, sans trop réfléchir. Je tape de toutes mes forces – comme d'habitude. Le ballon tournoie. Il s'élève haut dans le ciel. Nous avons un point de retard, si ça passe entre les poteaux, on se qualifie pour la demi-finale du challenge Philliponneau. Le rêve d'une bande de copains. Le ballon se dirige vers la cible, dévie de sa trajectoire au dernier moment, et se plante sur l'un des poteaux, avant de retomber, mort, comme un oiseau touché par une rafale de plomb. L'arbitre siffle. Le match est terminé. Je tombe à genoux. Je vois quatorze types, mes quatorze amis à la vie à la mort, qui s'affalent un à un, en larmes, aux quatre coins du terrain. Ça faisait presque dix mois qu'on gagnait tous nos matches, et nous voilà tous en pleurs. Je cours vers Luc pour le serrer dans mes bras, trouver du réconfort et partager la peine. Les larmes coulent à flots. C'était le pire souvenir de ma vie de rugbyman. Jusqu'à aujourd'hui. Je rouvre les yeux, la lumière me fait mal aux tempes, mon bras immobile pèse trois tonnes.

Je ne peux pas. Je ne veux pas aller remettre les maillots. J'ai envie de déserter, de me vider de tout ce qui m'arrive. L'effet du pétard s'est dissipé et je me sens de plus en plus perdu. Je suis gluant de transpiration et mon bras me fait mal. Un joueur vient vers moi et me redresse doucement. J'aimerais le prendre dans mes bras mais je ne peux pas non plus. Il me conduit jusqu'à la salle de réception de l'hôtel. Tout le monde est en place pour que le rituel commence.

Les maillots sont alignés sur une longue table, du numéro 1 au 22. J'ai envie d'attraper le 11 et de me barrer en courant. Je croise le regard de chaque joueur. Je sais qu'ils savent, je sais qu'ils ressentent eux aussi la boule que j'ai au milieu du thorax et qui m'empêche de respirer. Je parviens à traverser la pièce sans éclater en sanglots pour rejoindre les anciens, alignés comme des écoliers contre le mur du fond. Je ne sais même plus à qui je dois remettre le maillot. Max me fait signe d'avancer. Il me tend un bout de tissu dont je vais devoir me séparer dans moins de deux minutes. Je me tourne vers l'assemblée. Rémy Martin est en larmes. J'essaie de garder la tête droite, de croiser le plus de regards possible. C'est mon moment. Au rituel d'avant la finale de Coupe d'Europe 2001, je n'avais pas réussi à aligner deux mots. Je prends une grande respiration. Il s'agirait de grandir un peu, Raph, fais-toi violence et dis-leur combien tu les aimes, combien tu es fier d'eux et combien tu regrettes ce putain de bras de fer. C'est maintenant, lance-toi… J'essaie d'ouvrir la bouche. Mes lèvres tremblent. Mes cordes vocales sont anesthésiées par la boule de rage qui est remontée jusque dans ma bouche. Je fonds en larmes en regardant Nick Mallett et mon président : « Je suis désolé. » Je me souviens que c'est ce que je disais à mon père quand j'avais fait une connerie et que je savais que j'allais me faire gronder.

Je tends le maillot à Nani Corleto et quitte la pièce en titubant, mort de trouille. J'aurais tellement voulu le serrer dans mes bras, mon frère à nuquette argentin. Je m'en veux tellement de passer à côté de tout ça. Je m'éclipse avant la fin du protocole. Je monte à bord du cabriolet et trace à travers la campagne, direction Paris, mon appartement, et mes nouveaux coéquipiers : rhum ambré, Coca light et des clopes énormes. Me vriller la gueule pour oublier que demain je ne jouerai pas ma troisième finale consécutive.

Payé à rien foutre

Été 2003

Le bras du héros est tout dégonflé. Jour après jour, ce qui était mon arme destructrice se transforme en un bout de squelette avec de la peau autour. La cicatrice serpente de l'épaule au coude. Je ne vois plus que ça. Au début, j'avais de la visite. Chaque semaine, pour changer mon pansement, ma mère, ma copine Eugénie ou encore mon pote Pierre venaient jouer à l'infirmière dans mon appartement du XVe arrondissement. Une fois la cicatrice bien refermée, cousue à vie, je n'ai plus besoin de personne.

Je suis payé à rien foutre. Je ne fais rien. Je rends à Paris l'argent que le Stade me donne. Je claque pour 1 000 euros de sapes par mois. J'atteins les 105 barres. Je suis une paupiette sur pattes. Mon appartement se remplit comme moi de merdes : des téléphones portables, des ordinateurs, une pluie de DVD et de gadgets. Les achats compulsifs d'un néo-vieux en mal de jeu.

Je ne lève qu'un bras. C'est assez pour griller clope sur clope. Assez pour conduire bourré la nuit dans Paris. Assez pour attraper les filles, pour me servir du rhum jusqu'à plus soif et me remplir d'alcool, chaque nuit un peu plus.

Je n'appartiens plus à personne. Mon corps ne m'appartient plus non plus. De retour de boîte, un matin vers 9 heures, sale et soûl, je m'engouffre seul dans la boutique d'un tatoueur. J'en ressors avec un tatouage tribal de vingt centimètres qui ensanglante mon dos de part en part. Quelques jours plus tard, même scénario. Je rentre, nauséeux, un piercing brillant accroché à l'arcade gauche.

La carrosserie ainsi décorée, je descends à Capbreton, cimetière landais des athlètes déglingués. Ici, chacun sait que la fin est proche. On n'a pas 30 ans et on est déjà bon pour la casse. Ultime rafistolage, du sparadrap et du baume au cœur. Je croise Arnaud Di Pasquale, tennisman au dos meurtri, Ludo Iriarte, un rugbyman de Tarbes, un costaud dont la carrière explose en vol. C'est son quatrième séjour au cimetière des éléphants. On partage nos peines et quelques bouteilles. On se rééduque comme on peut.

Mais l'air de l'Atlantique ne fait pas repousser les bras. Ça se saurait. Je rentre à Paris après m'être fait triturer les nerfs et trifouiller le mental. Le club entame une nouvelle saison. Je regarde les matches en tribune.

Un jour, un type vient me voir à la mi-temps alors que je tchatche avec Christophe Moni : « Alors, Poulain ! À ce qui paraît, tu t'es fait péter le bras à 4 heures du matin par un Sud-Africain de 130 kilos dans un bar ? T'étais encore ivre mort, hein mon salaud ! » *(Si tu savais, mon petit moustachu, entre ce que tu crois savoir des joueurs et ce qui se passe pour de vrai, il y a un putain d'abîme. Te nourris pas de légendes urbaines et reste souple parce que je suis gaucher et je peux à tout moment t'éteindre.)* J'ai pas envie de me justifier, je me tourne et je l'ignore. « Ouais, c'est ça, t'as le melon, Poulain, ça tourne la tête, le strass et les paillettes. » À ce moment, il faut ravaler sa fierté, sa haine et sa rancœur. Il n'y est pour rien le naïf, et sa connerie l'emporte sur toute forme d'objectivité. Les rumeurs…

J'ai rendez-vous chez le neurologue toutes les trois semaines mais rien ne bouge dans mon squelette. Chaque fois, il insère une longue aiguille dans la chair, pour réveiller un bout de nerf, pour savoir s'il y a encore de la vie là-dedans. Une fois la tige fichée près de l'os, il tourne le bouton d'une sorte de gros transistor relié à la piquouse géante pour balancer un courant électrique. Rien ne se passe. Jamais. Il tente de me rassurer mais je vois bien qu'il n'y croit pas. Mais ça, je peux pas l'accepter. C'est là que le mental se réveille : « Quoi que tu me dises, mon petit père, je rejouerai, je bougerai. »

Je trimballe mon bras mort dans une gouttière. Quand je l'ôte pour me laver, il tombe. Quand je mange, je pose mon bras qui ne sert à rien sur la table, à la droite de l'assiette. On me coupe ma viande. On pourrait aussi bien m'entailler le bras droit, je ne sentirais rien. J'ai testé avec un mégot de clope incandescent appuyé sur le dos de ma main : la peau crame, c'est tout.

Ça doit être ma dixième séance chez le neurologue. Je connais le film. Il plante l'aiguille, trifouille le nerf, tripote sa machine, tourne le bouton. Toujours rien. Il tente un deuxième assaut. Le courant court le long de l'aiguille, la secousse passe, et soudain mon index frémit d'un nanomètre. Au début j'y crois pas du tout. Ma pupille a dû trembler, ça doit venir de la table ou de mon portable posé en vibreur à proximité.

— Renvoyez une secousse, s'il vous plaît, j'ai vu un truc mais je suis pas sûr…

Le petit bonhomme en blouse s'exécute et me foudroie le bras d'une nouvelle flopée d'ampères. Je ne sens rien mais je confirme : ça bouge !

On me disait perdu et je renais une fois de plus. J'embrasse le crâne luisant du neurologue qui sourit enfin. J'ai envie de sauter, de baiser, de boire et de chanter. Je suis en larmes en quittant son cabinet. À nous deux, mon cher rugby. Ça fait quatorze ans que tu t'amuses avec moi, je vais te montrer qui est le patron.

Un mois plus tard, je peux bouger trois doigts. Puis un quatrième. Seul le pouce demeure récalcitrant. Quatre doigts, ça suffit pour reprendre la muscu. Le moment de retourner sur le terrain est venu. J'ai une faim pas possible. L'envie de tout défoncer, de prouver à tous ma valeur. Chaque jour, je passe quatre heures entre les mains d'un kiné. Je muscle ce qui peut encore être musclé.

« Des Malabars et des Schtroumpfs »

Saison 2003-2004

Lundi 12 janvier 2004. 9 h 47

Bordel. Je suis à la bourre. Pas le temps de déjeuner. J'embarque une bouteille de flotte, une banane noircie et trois Granola dans ma voiture de sport. Direction Jean-Bouin. Avec mon vaisseau spatial, il ne me faut pas trois minutes pour traverser le pont du Garigliano et atterrir sur le parking du stade. Les copains sont déjà sagement installés dans le vestiaire, transformé pour l'occasion en salle de projection vidéo. Il reste une chaise libre à côté de Pieter. Je traverse une forêt de jambes, tout le monde se retourne et apprécie la marque du coussin qui traverse ma joue. Au pupitre, Nick Mallett fait la leçon. Il passe des images du match d'hier. Parfois au ralenti, puis à vitesse réelle. Mister Mallett, de son puissant accent sud-africain, agrémente le tout de considérations technico-tactiques qui me dépassent. Tiens, Greg Mahé prépare en douce des boulettes de papier à lancer sur les élèves les plus concentrés. Bonne idée. Je me joins à lui pour canarder les lobes de mes collègues du premier rang et réveiller ceux qui commencent à s'assoupir dans la pénombre de notre ciné-club. Hop, un petit pet, ça mange pas de pain, ça dérange tout le monde et ça suffit à mettre de l'ambiance. Chacun cherche le coupable, le nez dans le survêtement et les yeux plissés. Je fais le mec concentré mais les regards convergent naturellement vers moi. La centrale nucléaire picarde rougit. Ça fait marrer tout le monde. Tout le monde sauf l'entraîneur.

— Ça t'amuse, Raph ?

— Désolé, Nick.

— Désolé, c'est ça, ouais. Justement c'est bien que tu te fasses remarquer, parce que sur le terrain t'es plutôt inexistant, voire invisible…

Oups… une vérité qui fait mal. Prends ta gifle, mon petit Moulin et ferme ta gueule. C'est vrai, après tout, j'ai fait un match de merde le week-end dernier, et mon bras en carton-pâte me fait encore mal malgré une protection molletonnée à souhait. Le coach actionne la télécommande. J'apparais en gros plan sur l'écran. Avec toutes mes protections et mes straps, on dirait un footballeur américain. Je suis éclaté, à 30 mètres de l'action, les mains sur les genoux et le souffle court. Au-dessus de moi, un nuage de buée s'envole de mon corps encore un peu trop tendre et dodu, par manque de compétition. Un royal cheeseburger double bacon perdu sur un bout d'herbe verte.

— À quoi tu sers à ce moment du match, Raph ? Explique-nous… J'aimerais comprendre pourquoi t'es pas au soutien de Brian ?

— Nick, je suis carbonisé là, on est à la soixante-dixième minute et…

J'arrête de parler. C'est vrai, quoi, je n'ai pas d'excuse. Je suis fendu comme une buche, une loque en version cinémascope. Pas la peine de moufter. Je baisse la tête, je m'avoue vaincu. Le coach ne dit rien. Il me regarde compatissant. Il va falloir me remettre au boulot, enfin.

Mardi 3 février 2004. 11 h 37

J'entame ma quatrième série de six répétitions sous ma barre fétiche de développé couché. Mon bras va mieux. Le pectoral droit et le biceps se souviennent de nos performances d'antan. Je retrouve toute la force nécessaire pour pousser les 110 kilos. Christophe Moni – dit Mino –, la classe niçoise dans toute sa splendeur, me traque du coin de son œil noir. Je le tords en développé, il me déchire en tractions. Dans la salle de muscu, la compétition est permanente. Ça chambre, ça taille, ça brosse pas dans le sens du poil. Et il y a ceux qui n'en branlent pas une : Auradou et Pichot. Ils n'ont pas besoin de ça eux, ils sont à l'ancienne et personne ne leur dit rien. Ils s'envoient comme des malades sur le terrain et ça suffit bien.

Plus tard, sur la piste d'athlétisme, c'est le duel entre trois-quarts. Diego accroche le short d'Hernandez pour gagner. Ju Arias court en canard mais dépose Pichot en trois foulées. Avec mes 100 kg, je suis dans le ventre mou des lignes arrière. J'évite juste de défier Domi et Nani. Soit tu viens accompagné d'un bon mental et d'une bonne quinzaine de fusées au cul, soit tu les laisses péter les chronos en te cachant les yeux pour pas être happé par les rafales… Enfin, tant que je me fais pas prendre un centimètre par un avant, je suis serein. Quelques croche-pieds plus tard, rendez-vous chez le kiné pour le massage rituel. Là, ça balance sévère. C'est le bureau des plaintes. Les kinés résorbent les contractures et absorbent sans broncher les états d'âme de chacun. On se livre, on y pleure parfois. C'est du travail individuel et, au milieu d'un collectif à fortes personnalités, ça fait du bien. À la fin du massage, je suis prêt à faire mon grand retour contre Castres ce week-end.

Jeudi 11 mars 2004. 14 h 36

À l'ombre des feuillus de Meudon-la-Forêt, Alex Marco, notre préparateur physique au pelage crépu, a pris la tête du cortège pour l'échauffement. Je suis encore arrivé à la bourre. Je sais qu'en fin d'entraînement, je vais charger. À mesure qu'on tourne autour du terrain, les visages deviennent plus sérieux. Je me surprends à ne plus fonctionner comme avant. J'intègre un peu plus le côté pro, malgré mes retards, mes blagues et mes roulés-boulés pour faire marrer. Détendre l'atmosphère avant un match important, je sais toujours faire.

Cet après-midi, on commencera par des oppositions, puis un travail individuel et du physique à la fin. On va en chier. Certains grommellent, d'autres se frottent les mains et se secouent déjà les épaules. Il va y avoir des poulets sans tête partout sur le terrain. Ça se jauge même pas deux minutes et les chocs deviennent rudes, les protections ne servent à rien. Je suis heureux d'être sur mon aile, en bout de piste, gentiment planqué. Ju Arias est mon vis-à-vis et on s'est promis, juste avant, de ne pas se faire de mal. On laisse les gros se trépaner entre eux pendant un bon quart d'heure. Pause-flotte de cinq minutes.

Nick s'approche de moi. « On va travailler un peu tous les deux, Raphaël. » Fatch… Je sais qu'il m'a à la bonne, malgré l'histoire du bras de fer et mes quelques matches en dents de scie, mais là, je sais pas trop quoi lui dire. Je crois que ça fait tellement longtemps que j'attends ça. Apprendre à gérer un « deux contre un » dans le couloir des 5 mètres, peaufiner le placement défensif, se placer en attaque : Nick mime et explique tout. Il est un entraîneur… « entraînant » – toujours sur la brèche avec nous pour boire un coup sans y perdre son autorité. Technique, mais aussi affectif, avec ce sourire qui nous envoie sur le terrain : « Allez, vas-y, amuse-toi. » Eh oui, pour Nick, tout ce bordel ne reste qu'un jeu.

Une demi-heure plus tard, en confiance, il me met titulaire ce week-end contre Bourgoin. Je me vois déjà transpercer les défenses et distiller les passes les plus précises… Dans mes rêves, je plaque aussi à tour de bras. C'est dans mes rêves parce qu'en vrai, depuis que je me suis fendu les deux épaules, mon plaquage ça ressemble plutôt à « j'attrape le maillot et je fais la toupie comme un lanceur de marteau ». Ça marche la plupart du temps.

Retour à la réalité : la séance n'est pas finie : « Allez, tout le monde dans l'en-but pour dix fois 110 mètres à fond et cinq de plus grâce à Raphaël qui est arrivé en retard. » Merde… Les gonzes me fusillent des yeux. C'est pas le moment de perdre mon énergie à m'excuser. C'est parti. Je m'envoie comme un gaga. On dirait un mioche qui veut toujours bien faire, qui veut absolument être à la hauteur pour attirer le regard de son père. Tout à deux cents pour cent. Faut que je sois le premier. À la fin de l'entraînement, dans un coin du terrain, je vomis discrètement, asphyxié par les allers-retours à mille à l'heure.

Vendredi 12 mars 2004. 11 heures

— Bonjour, madame, je voudrais un kilo de bonbons, s'il vous plaît. Des bananes, des Schtroumpfs, des Carambars, des œufs, des réglisses, quelques sucettes et une poignée de Malabars.

La boulangère me regarde **de travers.** Elle s'active alors que les clients s'amoncellent dans sa petite boutique. J'arbore la panoplie complète siglée Stade Français, parka posée sur les épaules et sac de voyage gros comme un dogue allemand sous le bras. Si j'avais été un joueur toulousain à Toulouse ou un mec du BO à Biarritz, je ne serais sûrement pas aussi tranquille pour acheter des bonbecs. L'anonymat parisien a du bon. À Perpignan, si jamais tu bouffes une pizza une veille de match après 22 heures, tu te fais balancer par quelqu'un et le club te casse les couilles. Ici, si je fais un mauvais match le samedi, je ne crains pas les remontrances de mon boucher ou de ma boulangère. Quarante euros de sucreries plus tard, je grimpe dans le bus qui nous amène à Orly. On joue à Bourgoin demain. Pieter, tu veux quoi ? Roudoudou ? Barbe à papa ? Sucettes ? Mike, j'ai pas de sirop d'érable ni de bûche mais j'ai des Schtroumpfs et des bouteilles de Coca qui piquent. Arrivé au fond du véhicule, tout le monde est servi, j'ai plus rien pour moi mais y a des sourires et des bulles de gomme qui traversent Paris, bien accrochés aux visages de gosses trentenaires.

Lundi 14 mars 2004

Hier, on s'est fait défaire par Bourgoin. L'équipe est désormais dans les profondeurs du classement, plus proche de la relégation que du bouclier de Brennus. Dans ce genre de situation, dans un club qui joue la gagne à chaque saison, le président pousse une gueulante et menace le coach. Mais nous, ce soir, on va pas virer Nick. On va plutôt partir à la montagne pour un stage dit « d'oxygénation ».

Programme officiel : raquettes, ski de fond, repas diététiques en altitude, grandes marches et séances tactiques sur tableau noir.

Programme officieux : « Le CRIT Pharma est heureux d'accueillir les champions de France de rugby en titre… le Stade Français ! »

À la descente du bus, on est aspirés dans un énorme chapiteau rempli de mille étudiants en pharmacie défoncés par l'altitude et les pompes à bière. Même pas le temps de boire un godet, les nanas se jettent sur nous pour une photo, un bisou ou une liquette floquée Paris. Un zoo, le bordel. Des animaux fanatiques et pleins d'alcool. La semaine est lancée. À nous Saint-Sorlin-d'Arves. Tartiflettes, raclettes, quelques nanas qui rôdent, une averse de bières, des tournois de billard, de baby-foot, de fléchettes et des bras de fer (sans moi, les gars). La Brouze pousse la cantate « Le pape a dit », Néné Landreau lâche un strip-tease en chantant « We will rock you ». Même El Presidente Max s'y met et chante son hymne fétiche : « Amoureux je suis amoureux d'elle ». Un vrai bonheur pour les mirettes. Tout le monde reprend en chœur, debout sur les chaises en meuglant : « Je l'ai rencontrée sur le quai de la gare, je la vois passer le matin et le soir wouhowouho amoureux je suis amoureux d'elle… wouhooo. »

On s'accapare les terrasses des restos pour des séances de bronzette, en plein cagnard, torse nu sur les transats. Un après-midi, je chausse les skis. Tous les cons un peu chevronnés m'embarquent. « Allez viens, Raph, on t'emmène sur une piste bleue. » Deux montées en télésiège et nous voilà aux abords d'un gouffre glacé. Même le doc, qui connaît par cœur mon bilan médical, me regarde amusé : « Ben vas-y, lance-toi ! » Je suis depuis cinq ans avec une bande de fatigués, ils savent très bien ce qui va se passer. Je ne me suis jamais échappé et ce n'est pas un flanc de montagne qui va me faire peur. Trop fier, j'enlève ma doudoune et je m'élance doucement, en tee-shirt, pour un premier virage. Loupé. Mon ski gauche encule le droit, j'emplâtre une octogénaire que j'entraîne dans l'inévitable chute. Je me retrouve les jambes en croix, les skis en l'air, et trois cents mètres de dénivelé, à crier, à me brûler le dos, espérant ne pas fendre un gamin ou un bouquetin en bout de course.

Après cinq jours de conneries et d'excès inconcevables pour des sportifs de haut niveau, il est temps de rentrer, avant de perdre définitivement un pilier sous la neige. Le groupe s'est retrouvé, s'est ressourcé, s'est recentré, et je crois que ça va chier…

Samedi 17 avril 2004. 16 h 20

Agen, cinquante-huitième minute. On mène 12 à 6 au stade Armandie. Le match est âpre, sans essais. La pluie et le vent glacial fouettent les jambes. J'ai pas touché une gonfle de la journée. J'ai des cônes Miko à la place des doigts et des pains de glace en guise de chaussures. J'ai rien à foutre sur mon aile et, si ça continue, va falloir me désolidariser de la pelouse au pied-de-biche. J'esquisse quelques pas chassés pour me chauffer les cuisses et éviter de me claquer. En une minute, le corps est tiède. Après trois temps de jeu, je reçois la balle dans nos 22 mètres. J'avise l'en-but lointain et mets en marche le dragster. Je perce plein fer, plein champ, raffutant deux ou trois types. À moi la délivrance, à moi l'essai de la revanche… J'ai plus que Pepito Elhorga à passer… Percussion. Il me freine, le bougre, et je n'ai pas de soutien. J'ai pas regardé autour de moi pour attendre mes potes, j'ai pas pris le temps et deux Agenais arrivent à toute blinde. Je tente d'accélérer, je gigote, j'essaie de me dépêtrer quand mon pied se bloque dans le sol et mon genou se dérobe. Ma jambe se tord et je m'affale à 5 mètres de la ligne, le genou déjà gonflé par la distorsion des fibres et des ligaments.

On finit le match à treize contre quinze et on gagne 12 à 11, sauvant ainsi nos chances de qualification pour les play-off. On jouera les quarts de finale alors que trois semaines plus tôt on était au fond du seau. En attendant de monter dans le bus, la jambe sanglée dans une attelle et le moral soûlé, je mets la main dans ma poche de doudoune et j'en ressors quelques grains de sucre cristallisés jaunes et rouges, verts et bleus accrochés à un bout de guimauve rose un peu mâchouillé. Dans l'autre poche, un bonnet multicolore, avec, sur le pompon, le forfait « les Sybelles » encore accroché. J'observe mes potes s'installer sur leur siège, les gueules défoncées, mais heureux et fatigués. Elle est bonne malgré tout cette saison. Elle a presque un goût sucré, malgré mes ligaments foireux. J'avale goulûment le bout de bonbon vieillot, je visse le bonnet à fleur sur mon crâne et m'engouffre dans le bus le sourire aux lèvres, malgré tout.

Sous vos applaudissements

26 juin 2004

Ça commence par une traversée de Paris dans le bus drapé aux couleurs du club. Max est au micro et chante « Amoureux je suis amoureux d'elle », repris en chœur par tout le monde. Rendez-vous à l'Hôtel de Ville pour un petit godet avec Bertrand, sous les dorures et les belles tapisseries. Après quelques coupes, direction un night-club, toujours groupés, où nous attendent famille et amis. En sortant, cinq heures plus tard, il fait jour. Après une bouteille de rhum de transition, direction la rue de la soif, au 10, rue Guisarde, pour un Pousse-au-crime bien mérité, avec toujours la même bande d'abrutis. Cravates sur la tête, poches arrachées, fronts défoncés et gueules éclatées tant par le match que l'alcool, c'est la traversée de Paris serrés à six ou sept par taxi. Faudrait surtout pas se perdre. Vers 11 heures, pour les plus téméraires, c'est chez Jean-Pierre, « au Métro », au croisement de la rue de Vaugirard et du boulevard Pasteur que ça se passe. Les tables sont dehors, le vin coule à flots. « Et on lui pèlera le jonc comme au bailli du Limousin, qu'on a pendu un beau matin, qu'on a pendu avec ses tripes. » Ça chante et ça bouffe des côtes de bœuf bien grasses. Les regards sont rougis. Les gars allument des clopes de la main gauche sans se rendre compte que, dans l'autre, un mégot fume encore. D'autres règlent leurs comptes de l'année. C'est le moment où tout peut basculer. L'un balance son verre de pif à la tronche de l'autre. Un dernier s'énerve sur des poubelles en les balançant à travers le boulevard. Il est 13 heures et on est pas près d'être couchés. En rentrant à l'appartement pour me changer, j'achète le journal du dimanche. Je suis en photo, à la une, avec tous les copains. Je fais enfin partie des types qui soulèvent le bouclier. Comme quand j'étais gosse et qu'on montait sur l'estrade en bois casse-gueule pour récupérer la coupe, sauf que là il y a 80 000 personnes et le stade est immense. J'ai monté les marches au milieu des potes. C'est Diego qui soulève en premier le bouclier : c'était son dernier match. On a enfoncé Perpignan. Le Stade Français vient de gagner son quatrième bouclier en six ans, mon troisième. Et celui-ci a une autre saveur que les deux premiers pour lesquels je n'avais pas voulu monter sur l'estrade. L'année dernière, avec mon bras en mousse, j'avais même pas pu soulever le bout de bois. Aujourd'hui, je suis fier d'être au milieu de tout ça, intégré à la vie à la mort. Sur le cliché, tout le monde a le maillot mouillé, crade, défoncé par le combat. Sauf moi. Je fais un peu tache avec mon costard foncé et ma gueule toute propre et bien peignée.

« On va les concasser comme de la faïence »

Saison 2004-2005

La sonnerie du téléphone me tire d'un rêve bizarre, fait de rouge et de bleu, d'éclairs et de foudre, de chimères et de dieux. Cette nuit, comme chaque veille de grosse rencontre, j'ai joué le match parfait, vrillant des passes de 10 mètres, plaquant à tour de bras et cavalant partout. J'ouvre les yeux. Le petit museau de Jérôme Fillol, mon Mila, me sort définitivement de mes songes colorés. Il est 9 heures, le petit déjeuner est servi jusqu'à 9 h 30. Je suis assis au milieu d'une piaule d'hôtel aux tons abricot. Autour de moi, des sacs de sport, un petit joueur de rugby assoupi, des bouteilles d'eau en pagaille. Je mets une nuquette à mon acolyte pour qu'il se réveille. J'enfile mon jogging floqué du sigle « SF », une paire de claquettes, je referme la porte et traverse le long couloir aux murs encombrés de mauvais tableaux de scènes de chasse à courre. Un ascenseur, un autre long couloir et j'atteins les tables généreusement fournies en céréales, fromage blanc, jus d'orange et fruits par milliers.

Une petite baffe par-ci, une claquante par-là, un mauvais jeu de mots sur le film de cul de la veille : chacun entre dans son rôle. Certains rigolent, d'autres sont déjà concentrés, le nez dans le café. Pierre va mettre deux plombes à finir sa tartine, Sylvain va balancer une saucisse dans moins de cinq secondes, Rémy attend qu'il y en ait un qui s'asseye sur la chaise pleine de flotte que je viens de mouiller discrètement. Ça sera pour mon Jérôme aujourd'hui. La machine Stade Français se lance.

Il est 10 h 20. Le moment de retourner en piaule pour tenter de me concentrer. C'est toujours trop tôt. Le match est dans cinq heures et dix minutes et je ne suis pas prêt. À mesure que les années passent, le stress se fait plus fort, plus tôt dans la journée. Quelques coups de fil pour savoir si tous les amis et la famille ont bien reçu leurs places. Quelques textos reçus qui motivent et me foutent à chaque fois dans une émotion rare. C'est étrange, cette montée de larmes d'un « Je t'aime » envoyé par ma sœur Noup ou d'un « On pense à toi » de ma sœur Nif, transmis depuis le fin fond de notre campagne picarde. « Bon match », « Tu vas les déchirer », « Je crois en toi ». Chacun y va de sa pépite, de sa pensée positive. Je m'en remplis alors qu'arrive l'heure de la bouffe.

Il est midi. Je n'ai pas encore fini de digérer mes céréales que me voilà face à la trilogie chaque week-end resservie. Poulet, pâtes et crudités. Les visages sont sévères et fermés. Pas un mot plus haut que l'autre, pas un mot du tout d'ailleurs, à part les « Passe-moi le sel », le crissement des fourchettes et les bruits de mandibules. Les kinés et le doc se faufilent entre les épaules serrées des deuxièmes lignes et des trois-quarts. Distribution de Bérocca pour les uns, de vitamine C pour les autres, le rituel est bien en place. Les cafés arrivent enfin. Je m'échappe avec le mien. Je m'affale alors dans le lit, mais le stress se niche toujours en moi. Je ne trouve pas le sommeil. Je zappe sur les conneries qui défilent à la télé, l'après-midi devient vite interminable.

Un peu en avance, je range mes affaires dans le sac. Les crampons à côté du caleçon, la serviette en fond de cale, les protections collées au maillot. Je referme le tout et rejoins le groupe qui se reforme dans la salle à manger. Petit briefing de l'entraîneur qui recadre les mouvements et le rôle de chacun. Les visages sont déterminés. Les employés de l'hôtel n'osent pas nous déranger. Je crois qu'on fait peur.

STADE FRANÇAIS / NEWCASTLE
Samedi 2 avril 2005

Le Parc des Princes est inondé de soleil. C'est notre jardin, notre espace de jeu pour l'après-midi. On a invité quinze gros bébés anglais pour nous tenir compagnie à l'heure du goûter. Un quart de finale de Coupe d'Europe contre Newcastle. Devant 45 000 personnes. Un privilège. J'ai trente invités dans les tribunes, chacun de mes proches a eu son ticket.

J'entre sur le pré en cavalant comme un dingue. Une accélération, deux crochets dans le vide et je manque de m'étaler en ripant sur un bout du tapis signalant l'entrée du chaudron magique. J'aurais dû imiter les anciens : rentrer sereinement en marchant. J'y penserai pour la prochaine… Coup d'envoi.

Lancer en touche de Momo Blin sur Bibi qui dévie à Pichot. Longue vrillée vers la Skrele qui envoie une passe en profondeur que je réceptionne sans trop trembler. Je pars en travers, attirant avec moi un coin de la défense. Je croise en bout de ligne avec Olivier Sarramea qui transperce la défense et s'arrête à 1 mètre de l'en-but. Deux passes plus tard, Momo aplatit pour le premier essai. Il réitère quelques minutes après, côté droit. C'est un doublé. Sarramea dit « Mammouth » (à prononcer à l'anglaise c'est plus drôle et moins barbare) piétine les hommes des cavernes et ouvre son compteur. Mi-temps. Dans les vestiaires, on respire. Pas de grands discours. On est sûrs de nos forces. On s'hydrate, on se motive en bouffant des pâtes de fruits.

C'est reparti. Le coup du chapeau pour Moumoute. J'en suis et j'y vais de mon essai en bout de ligne, offert par Steph Glas après que tout le monde a touché le ballon suite à une action longue comme les six tours de stade de la ola des tribunes. Ju Arias clôt les hostilités d'une percussion radicale et d'un plongeon aérien. Match plié. Score : 48 à 8. On est en demi.

À genoux face à une tribune bleu et rouge, j'agite un drapeau comme un forcené. Jérôme me rejoint. On entame une danse face caméra que l'écran géant du stade retransmet en direct. La télé aussi.

Retour aux vestiaires en fanfare. Ça se congratule, ça plonge dans des bacs de glace comme des mouillettes dans un œuf à la coque, sans douleur, avec délectation, pour détendre les muscles et les cerveaux embués par l'ambiance. Ça chambre, ça s'allonge, ça rigole, ça se calme, puis c'est le silence, vestige d'un combat acharné où les peaux de héros tombent et les costards se remplissent de corps propres et bien coiffés. Jean-Marie – dit le Rilou –, l'intendant du club, arpente le vestiaire de son pas chaloupé de petit canard rougeot. Il est notre habilleur et gonfleur de ballons avant les matches. Quand le combat s'arrête, on l'appelle « le Marylou ». Il ramasse nos restes. S'il avait été coiffeuse, il n'aurait pas laissé traîner la moindre barrette sur le sol du salon. À la fin du match, c'est un aspirateur à chaussettes, shorts et maillots sales. S'il n'a pas le compte, tu sors pas du vestiaire. Il trimballe son imposant bidon sous les banquettes, pioche les derniers bouts de tissus froissés, fait ses comptes et nous autorise à calter.

Il est temps de retrouver les nôtres. Un apéro s'est formé sur la pelouse de Jean-Bouin, notre stade, de l'autre côté de la rue. Sœurs, amis, cousins, cousines, parents, supporters, chacun est à sa place dans ce théâtre de verdure où j'apparais sapé comme un trader body-buildé.

La bière coule à flots. Luc me chambre, Thérèse me charrie : « Te la raconte pas avec ta cravate bleue… » Mes sœurs me remettent mon nœud de cravate et me recoiffent. Cousine Caro prend des photos. Mon beau-frère Hervé, en retrait, observe bière à la main la famille dans laquelle il vient de débarquer. Simple et énorme à la fois, me dira-t-il plus tard. Tu m'étonnes.

STADE FRANCAIS / BIARRITZ OLYMPIQUE
Samedi 23 avril 2005

Le silence est pesant à l'intérieur du bus. Les écouteurs écrasés sur les tempes, chacun regarde au-dehors pendant la traversée de Boulogne. On approche du chaudron et les drapeaux apparaissent avec, au bout, bien accrochés, des supporters qui les agitent au rythme des klaxons. Il y a des éclairs comme dans mon rêve. On prend goût au Parc des Princes et Max à réussi une fois de plus à piquer le stade au PSG pour la demi-finale de Coupe d'Europe.

Ne pas courir, attention aux trous de taupes, fais gaffe au tapis Raph, c'est pas le moment d'être ridicule. De toute façon je suis remplaçant donc je me cale en douceur sur mon banc. Domi a retrouvé sa place légitime. C'est la loi du plus fort après tout.

Sur le terrain, les Biarrots sont au-dessus. On encaisse trois pénalités dès les premières minutes de jeu. Vu du banc, les Basques ont l'air plus grands, plus balèzes et plus habiles. Au rythme avec lequel les copains se font exploser la ganache, je tarde pas à aller m'échauffer. Une bagarre entre Mathieu Blin et Ben August, récemment transféré chez l'ennemi biarrot, me fait monter le palpitant. En chasuble sur le bord du terrain, c'est toujours frustrant ces moments-là… 3 à 9 à la mi-temps.

Je regagne les vestiaires à la suite des titulaires. Des voix traversent les murs : « On est des enculés, on s'échappe, on n'est pas à la hauteur, faut hausser le niveau. Conquête, ensemble, défense du territoire, on est chez nous, on va les déchirer. » Les mots dépassent les pensées. Les anciens parlent, les jeunes écoutent en reprenant leur souffle. Respect aux vieux qui restimulent les âmes brûlantes et les corps meurtris. Domi, à la toulonnaise, vulgaire et franc du collier, monte sur un siège pour se mettre à la hauteur de Bibi. Il crie : « On va les fumer. » Le grand échassier Bibi, dans son dialecte havrais à couper aux ciseaux, renchérit : « On va les concasser comme de la faïence ! » Euh, ça se dit pas ça, Bibi… Mike James, l'érable canadien, se lève et scande « Allez, les gars du mental ! » de son accent de pancake à tailler à la hache. Assez pour te foutre la chair de poule. Le sanglier argentin Roncero émet à son tour un grognement. On ne comprend rien mais l'effet est là. Tout le monde se lève d'un coup, on se serre comme pour réchauffer les corps déjà caliente.

Retour sur mon banc d'où je peux observer les buteurs qui enquillent les pénalités sans trembler. Yachvili 12, Jérôme 6. J'entame une série de vingt pompes histoire de rester chaud au cas où. Essai de Damien Traille à la soixante-quatrième. 17 à 6. Faut que je bouge. Je cours le long du terrain sans quitter mes potes des yeux. J'ai envie de les aider mais je peux pas faire grand-chose. Soixante et onzième minute : Jérôme part à l'essai malgré trois types scotchés sur son dos. Il rampe comme une belette entre les gros bras des avants basques. On passe à 13 à 17 après la transformation. Plus que huit minutes officiellement et la finale d'Édimbourg nous passera sous le blaze. Je crie, j'applaudis chaque action comme le plus fou des supporters. « Allez, les gars ! » Quatre-vingtième minute… L'arbitre va siffler, c'est sûr. Son assistant lève le tableau lumineux comme une pom-pom girl de boxe annonçant les rounds : neuf minutes d'arrêt de jeu. Putain. Ju Arias s'est chibré. On me fait signe que c'est à moi de rentrer. « Oui, OK, d'accord… C'est par où ? Qu'est-ce qui se passe ? Comment ? Hein ? Quoi ? » J'enlève ma chasuble, je refais mon lacet. Pas le temps de me recoiffer. Feu ! Je cours partout comme une petite pucelle qui aurait croisé Harry Potter. Donnez-moi la balle, allez, quoi, soyez chics, les potes ! Que dalle… J'essaie d'être là où il faut. Quatre-vingt-sixième minute. On enfonce la mêlée biarrote et on récupère l'introduction. Après une énorme poussée, Pichot délivre une passe à Jérôme (oui Mila) qui me l'envoie au large. Un ballon touché, surtout ne pas le perdre. Une percussion.

Faut résister. Des tas d'hommes se forment partout sur le terrain. À la vie à la mort, coûte que coûte, faut rien lâcher ! On est à la quatre-vingt-septième minute et c'est la merde. Tout le monde s'envoie comme des gagas. Même moi qui viens de rentrer, je suis asphyxié comme un chiot fou. Quatre-vingt-huitième. Les arrêts de jeu des arrêts de jeu. Domi ramasse une balle derrière un regroupement. Benoît August lève la tête – mais trop tard. Mon King se jette entre les poteaux après une course solitaire au milieu des cadavres. 18 à 17. C'est la libération. Le summum. On est en finale. Biarritz est à terre. Sous la chaleur, le coup de massue est violent, anesthésiant pour l'adversaire, mais nous on s'en branle. On est en finale, bordel ! Jérôme transforme l'essai. 20 à 17. C'est plié. Ça saute de partout dans les tribunes et sur le terrain. On entame un tour d'honneur devenu presque classique. Je cherche mes invités dans les tribunes mais pas moyen de cerner un visage, il y a trop de monde qui bouge et trop de drapeaux. Au milieu du terrain, je me lance dans un strip-tease avec Benjamin Kayser, le gosse du groupe, déjà bien gaillard. Un pierre-feuille-ciseaux et nous voilà en caleçon à planter un drapeau du Stade Français en tapant dessus avec nos crampons. On a marché sur le Parc des Princes.

Sur scène en boitant

Avril 2005

En descendant du car, aux abords du stade c'est souvent le même cinéma. On se fait insulter comme des merdes par certains frustrés qui meuglent derrière les barrières. Ceux-là mêmes qui gueulent « à mort l'arbitre » la bave aux lèvres et le postillon facile. Je pense qu'ils couinent pour prôner que le rugby n'appartient pas à Paris, qu'il n'est qu'à eux et qu'ils fixent leurs propres règles. Mais nous on demande rien à personne. On vient, on joue, on gagne de temps en temps – voire souvent – et on s'en va. C'est à la fin du bal qu'on paye les marcassins. On traîne une réputation de « mercenaires ». À Perpignan, un tachu : « Parisiens, enculés, votre avion va s'écraser. » À Bourgoin, une mère de famille : « Parigo, facho, la Berjalie aura ta peau. » T'es mignonne. Heureusement qu'ils ne sont pas tous comme ça. On sent souvent le respect et l'admiration, avec une once d'envie et une pointe de jalousie.

Aujourd'hui, c'est le public briviste qui nous accueille chaleureusement. Le temps est idéal. La fin de saison approche. Le groupe est à son apogée, en pleine maturité malgré l'arrivée d'un nouvel entraîneur : Fabien Galthié. Mes vis et boulons tiennent le coup. Dans une semaine, le club jouera la finale de la Coupe d'Europe, à Édimbourg, contre Toulouse. Ce pourrait être ma première.

L'échauffement d'avant match est bientôt terminé. Je pique une dernière accélération le long de la ligne d'en-but. « Clac ». Le bruit me résonne du mollet jusqu'aux tempes. La déchirure est brutale. Le muscle est fissuré, ce n'est pas une simple contracture. Tout craque. Je rejoins les copains dans le vestiaire, sans rien laisser paraître. J'avale un cri de douleur au moment de serrer les lacets de mes crampons. Je prends ma place, à l'aile, face à une meute de Corréziens bien décidés à défendre leur terre contre les parigots.

La déchirure s'amplifie à chaque course. À la vingtième minute, idéalement placé, en surnombre, je reçois une passe parfaite de Jérôme. Je n'ai que 5 mètres à courir vers le poteau de coin pour marquer l'essai. Mais je ne peux courir que tout droit. Je fonce dans un défenseur briviste, perd le ballon et gâche l'action. Sur le banc de touche, l'entraîneur a de la foudre dans les yeux et un masque grimaçant.

Dix minutes plus tard, battu à la course par un lièvre adverse, je commets une faute grossière et prends un carton jaune. L'exclusion temporaire est bienvenue. Une pause pour mon mollet en flammes. Je rentre en début de deuxième mi-temps. Je reçois un ballon et file le long de la ligne de touche en cramant mes dernières fibres de muscle. Au moment où un Briviste me saute dessus, je me cabre, aperçois Pierre Rabadan disponible et lui transmets la balle en douceur. Il la bloque sous son coude et s'affale dans la zone d'essai. C'est ma dernière action. Je crois avoir offert l'essai de la victoire à mon ami, qui lève les bras en ma direction, quand l'arbitre demande à revoir l'action en vidéo. Selon le ralenti, j'aurais mis un orteil en touche. L'arbitre annule l'action. Je quitte le terrain là-dessus, sans rien dire.

Le médecin du club me plonge la jambe dans un bac de glace. L'aponévrose, c'est trois semaines de repos. Raté pour Édimbourg. Mais si le club se qualifie pour la finale du Championnat, prévue dans cinq semaines, j'ai encore mes chances d'y participer.

Après le match, l'équipe rejoint le Club Med de Pompadour pour quatre jours de mise au vert. Au milieu des autochtones, c'est activité golf (personne ne sait y jouer), balades à poney et bouffe à volonté. Pour fêter la victoire contre Brive, on se retrouve dans la grande salle du château où est organisé ce soir-là un karaoké géant.

Au milieu d'une centaine de vacanciers du troisième âge, on se pousse du coude pour savoir lequel osera prendre le micro. Il y en a toujours un qu'il ne faut pas trop pousser. Je monte sur la scène en boitillant, je saisis le micro et, alors qu'un Johnny géant twiste sur grand écran, je balance les premières mesure d'un « Allumer le feu » qui fait trembler les murs de la demeure. Comme un gosse, j'oublie la douleur et je fais le show. Vite débarrassé de mon débardeur, lancé dans la foule qui s'amasse à mes pieds, je gueule plus fort encore. Je ne connais pas les paroles mais tous balancent les bras en cadence. C'est mon moment. Mon exutoire. Une dizaine de coéquipiers hilares me préparent une piste d'atterrissage en contrebas. En sueur, la bouche ouverte, je cours sur scène et continue à brailler sans micro. Je prends une impulsion pour sauter dans leurs bras… « Crishh ». Mon mollet se déchire complètement alors que je m'envole. Je retombe sur la haie d'honneur, bien agrippé par mes potes. Mon mollet saigne. Je les embrasse. *The show must go on…*

Sous le ciel d'Édimbourg

Mai 2005

Mes parents avaient organisé le voyage à l'avance. Dans l'euphorie de la victoire en demi-finale contre Biarritz au Parc, ils avaient posé quelques jours de congé pour faire le voyage de Noyers-Saint-Martin jusqu'à Édimbourg. Voir leur fils en finale. Il n'y avait pas de raison de manquer ça. Mon aponévrose n'a pas modifié leur enthousiasme. « On vient quand même », m'a assuré mon père quand, depuis Pompadour, je leur ai annoncé ma blessure. Ce n'est pas sur le terrain mais en tribune que je suivrai le match moi aussi.

Le samedi matin, alors que je décolle à bord de l'avion des supporters, ma famille charge l'antique Renault Espace à ras bord, traverse la Manche en ferry, puis remonte l'Angleterre jusqu'à l'Écosse. Mon père a tout bien prévu. Le plan de route, les sandwichs, les places, le parapluie et les cirés. Ce petit bonhomme barbu est le contraire de moi, qui ne suis pas du tout quelqu'un d'organisé. Mes amis l'appellent l'« abbé Mac » : un mélange de l'abbé Pierre – car barbe longue et bonnet vissé sur le crâne à chaque match – et Mac pour MacGyver, parce qu'il arrive à transformer un vieil Espace en vaisseau spatial à destination d'Édimbourg aussi facilement qu'il pourrait réparer une machine à laver avec un chewing-gum et trois biscottes. J'exagère peut-être un peu mais c'est mon papa et il est trop fort. Ça fait dix-huit ans qu'il me suit dans mon rugby. De Toulon à Beauvais, de Niort au Stade Français, il a toujours été là. Aujourd'hui, l'abbé Mac est accompagné de mes plus fidèles supportrices : mère, sœur, Eugénie (Thérèse) ainsi que Mimi, une amie d'enfance de ma mère, et mon beau-frère. Tous embarqués pour vingt heures de périple.

Je prends le repas de midi dans un club-house écossais confit dans son jus, avec vue sur un terrain en pente, en compagnie des autres écartés du groupe et des joueurs Toulousains en costard. Huit éclopés et anciens combattants autour de la table. Loin de la prétendue guéguerre entre Parisiens et Toulousains, on refait le monde en dévorant un steak-frites bien graisseux. C'est l'occasion de relâcher la pression, si intense le matin lorsque j'accueillais mes parents dans le centre-ville.

Les fourchettes s'agitent en cadence. La bière et la viande remplissent les corps. Les anecdotes s'allongent. On rigole fort sauf lorsqu'il s'agit des blessures. Il y a de la pudeur entre les rires. Une fois les plats bien raclés, le petit groupe monte dans un bus à destination du stade, parmi les locaux.

Arrivée à Murrayfield. Le silence se met en place. Je croise la petite amie d'un équipier et fonds en larmes. La pudeur tombe. Je ne calcule plus le temps. Je ne comprends plus. Je ne mérite pas ça. Je n'ai pas envie d'ouvrir les bras, j'ai plus rien à donner.

À l'étroit dans mon blazer, je pénètre dans la tribune des invités. J'imagine mon père, debout, à l'autre bout du terrain. De sa tribune, il me prend en photo. Il m'a trouvé. À 100 mètres de là, parmi la foule. La photo qu'il réussit à prendre est floue. Comme mon souvenir. Il la conservera dans le tiroir de sa collection de photos de rugby, non loin de la revue de presse où jaunit chaque parcelle de ma carrière. *Le Parisien*, *Midi olympique*, *L'Équipe*, *Sud-Ouest*… Chaque article de chaque canard où je suis apparu est délicatement découpé et rangé par mon père, un champion du classeur par amour pour son fils… Mais revenons à nos moutons écossais.

La finale commence. Le ciel est chargé. Les Toulousains nous croquent. Je suis entre deux émotions. D'abord chialer parce que ça ne gagne pas. Mais je suis aussi heureux de me dire que cette fois je n'aurai pas loupé ma victoire. C'est ma cinquième finale en costard, putain.

Après le coup de sifflet final, je rejoins les gars dans le vestiaire. Ils sont encore dans leur match. J'en suis étranger. J'erre entre vestiges de maillots déchirés, traces de sang et bandes d'élasto en berne. Derrière, des mecs sont plongés dans des bacs de glace. Momifiés. Tout est figé, abattu. On a perdu d'un drop.

« Ce sera pour la prochaine fois », me dit une voix dans un couloir du stade, alors que je quitte l'Écosse comme un robot. Je sais qu'il n'y aura pas de prochaine fois.

Le repas du président

8 juin 2005

— Messieurs, je vous souhaite un bon match, une belle finale. Lavons l'affront de celle perdue à Édimbourg il y a deux semaines.

Max Guazzini clôt là son discours théâtral. Pas un bruit dans la brasserie. Chacun finit son café en silence, le nez dans la nappe. Nous avons droit tous les mercredis à ce « repas du président », à quelques mètres de Jean-Bouin. D'habitude, les boulettes de pain volent, on manque de briser les verres en tapant dessus avec les fourchettes et les blagues fusent à peine Max a terminé son speech. Dans trois jours, nous affronterons Biarritz en finale du Championnat, au Stade de France. Ce sera l'ultime match de la saison. L'ambiance n'est pas à la déconne.

Chacun retourne sa chaise vers sa table pour attaquer le dessert. Le grand Max se dirige vers moi et me tape sur l'épaule. « Il faut que je te parle. » Les copains me dévisagent. J'emboîte le pas du chef pour aller discuter dehors. Cela devait arriver. Mon contrat avec le club se termine dans trois semaines et jamais mon futur n'a encore été évoqué. Pour sûr, il ne va me parler ni du Cac 40 ni de la situation politique au Sri Lanka. « Assieds-toi, Raphaël... » Une moue grave masque aujourd'hui son sourire ultra-white. Cela ne me dit rien qui vaille. La voix basse, Max débite quelques phrases hachées où il est question de mes blessures et de mes performances en dents de scie. « Tu ne fais plus partie des plans du club ni du staff technique pour l'année prochaine, conclut-il en tripotant sa mèche. Tu sais que je t'adore, Raphaël », tente-t-il alors que je me liquéfie. *(Ne me parle pas comme on s'adresserait à un gosse, c'est presque plus insultant que tout ce que tu me balances.)*

Je prends, avant même la fin de saison officielle, la claque que tout sportif redoute : la retraite. Bien sûr je n'ai pas envie de jouer ailleurs qu'ici. À sa place, peut-être que j'en aurais marre de payer à ne rien faire la moitié du temps un type qui se blesse autant sur le terrain qu'en dehors... L'époque où mon physique leur plaisait est passée : si on discutait cinq minutes, je lui dirais, à Max, que moi aussi j'en ai marre, de mon physique : deux épaules dans le sac, un bras, une couille, un genou, des déchirures multiples, sans parler du mental percé de part en part par la solitude des rééducations. Alors je suis un grand con peut-être, mais un grand con qui a tout donné, qui s'est jamais échappé.

Pas le temps de réfléchir à ce que je vais devenir qu'il est déjà debout, mon ancien président, prêt à me claquer une bisette avant de calter loin de son ancien bébé. Je suis cloué. Il me passe la main dans les cheveux et disparaît aussi vite qu'un livreur de pizzas à la bourre.

Juste après m'avoir annoncé la nouvelle de mon trépas, il passe le relais à Galthié.

Lui et moi on n'a jamais pu se supporter. C'est aussi simple que ça. Mes limites techniques dans le jeu? Je suis le premier à les reconnaître, à en souffrir et à faire avec. Il faut croire que mes quelques autres qualités, d'autres coaches les ont appréciées en comprenant que je marchais à l'affectif. Quand on te dit, avec des étoiles dans les yeux, que tu es le meilleur et que tu vas tout arracher, tu sais peut-être que ce n'est pas tout à fait vrai, mais tu crois au miracle et tu te lâches. L'exploit est en toi. En tout cas t'y crois à mort et tu t'envoies à fond, sans gamberger. Mais si on te dit que tu es une merde, tu ne risques pas de donner le meilleur. Si j'ajoute à tout ça les deux ou trois fois où je me suis permis de lui dire en face ce que je pensais de sa « gestion humaine », le tableau est complet, non ? Dans ces conditions, il ne faut pas une grosse imagination pour savoir qui, dans le « staff technique », est derrière la décision que Max vient de m'annoncer.

« Comment tu te sens ? » murmure l'entraîneur. Je vois bien qu'il a un truc en tête. Mais il veut quoi, là ? Me voir chialer ? Je ne réponds pas. « Dis-moi, Juan n'est pas sûr de pouvoir jouer ce week-end pour la finale du championnat, est-ce que t'es OK pour être le vingt-troisième homme, au cas où il ne pourrait pas tenir sa place ? » Je me souviens d'un après-midi de janvier. Après un entraînement il m'avait raconté que j'étais « vraiment un bon mec pour le groupe », je faisais « marrer tout le monde », j'étais « énorme dans la déconne ». Il avait terminé sa phrase ainsi : « Mais je crois que t'as pas le niveau pour jouer dans le Top 14 ni pour jouer au Stade Français. » Son regard, son sourire gêné, ses mains frottées l'une contre l'autre… Je me souviens du moindre détail. Je n'avais rien dit ce jour-là. Aujourd'hui, ma voix revient : « Tu sais, Fabien, t'es un putain d'entraîneur. Sincèrement, techniquement t'es énorme et y en a pas un qui t'arrive à la cheville en

France… » Je le sens qui gonfle un peu les poumons. « Mais je crois qu'humainement tu ne vaux rien. Tu devrais être interdit d'entraîner. Tu déchires tes joueurs comme un teckel s'acharne sur de mauvais bouts de barbaque depuis un an et tu oses me demander si je peux être ton vingt-troisième homme pour la finale ? Ne compte pas sur moi ce week-end. »

Le vingt-troisième homme

11 juin 2005

J'ai passé la nuit à fumer. Je n'ai pas touché à mon plateau-repas. Il est 10 heures, dans un hôtel chic de Chantilly. L'heure de la remise des maillots avant la finale du Championnat contre Biarritz. Christophe Moni, comme un père, m'a convaincu de rester avec le groupe. Je me suis rétabli du mollet. Je me suis entraîné avec les autres. Il y a vingt-deux maillots, alignés en ordre croissant. Je suis le vingt-troisième homme. Le remplaçant du remplaçant du remplaçant. Le type là au cas où. Le pigeon, le blaire, le pauvre con. Le match approche et je n'ai pas mon maillot.

17 heures. Je monte dans le bus comme un bagnard. Le chemin vers le Stade de France est interminable. Il n'y a plus de place pour le bouffon. Les gars sont déjà dans leur match, bien loin de se douter de ce qui se passe dans ma tête et dans mon cœur. Je les aime, ces types avec qui j'ai fait corps si longtemps et qui désormais me délaissent un à un en descendant du bus vers le sous-sol du stade.

Je pénètre dans le vestiaire quelques minutes après eux. L'ambiance est tendue par l'envie, la peur, la rage et la concentration. J'observe la préparation de chacun.

Je les connais par cœur. Ils partent en troupeau reconnaître le terrain, prendre la température du stade, de la pelouse, du public qui déjà s'installe. Seul sur un coin de banquette, j'enfile ma tenue d'entraînement. Mon short me regarde, presque compatissant. Mon tee-shirt d'échauffement se fait discret aussi. Je leur chuchote aux coutures, en les ajustant sur mon corps, que je les emporterais bien avec moi ce soir quoi qu'il arrive. Je lace mes crampons en pleurant. Une larme s'échappe et vient s'écraser sur le maillot de match d'un équipier. Une petite partie de moi jouera ce soir.

La boule de stress qui m'a fait tant de mal réapparaît d'un coup. Merde, pas toi ! Je sais qu'elle s'installe pour longtemps cette fois et je ne peux rien y faire. Je sors pour m'échauffer et croise en bord de touche notre entraîneur qui fait les cent pas en tripotant un ballon. Ce soir je ne flancherai pas. Je ne baisserai pas la tête.

Je me poste au centre du terrain. 80 000 supporters agitent des drapeaux géants. Ils sont à moi et je leur appartiens une dernière fois. Je trottine en tremblant. Mes muscles se réchauffent et refroidissent en alternance. Je pense à mes parents, assis devant leur télévision, sans savoir si leur fils va apparaître sur l'écran. Je pense à eux. J'aimerais qu'ils viennent courir à côté de moi pour cette dernière sortie. Je redoute le retour au vestiaire.

Juan Martin Hernandez, le joueur que je suis susceptible de remplacer, se teste, un énorme strap accroché autour de la cuisse. C'est la star montante du rugby mondial, surnommé « el Mago » tant il est doué ballon en main. Il gambade comme un lapin de garenne, de long en large sur le terrain. À chacune de ses foulées je me sclérose un peu plus. Il semble bien remis de sa récente déchirure aux quadriceps. Il saisit un ballon et balance une énorme marmite de 60 mètres, qui s'écrase entre les poteaux. Je tape un dernier coup de pied, histoire de me prouver que j'en suis encore capable, et je rentre au vestiaire tout doucement, la tête basse, pourfendu, dépité, nostalgique, un peu mort déjà.

Les joueurs forment un cercle. Ils sont en transe. Assis dans mon coin, j'observe, déconnecté, la fureur qui monte. Les gars suivent des yeux ce type qui avance vers moi l'air désolé. Il pose une main sur mon épaule. « Juan peut jouer. » Il ajoute qu'il est désolé mais je ne l'entends plus. Délicatement, je retire sa main de mon épaule. Je ne le quitte pas des yeux et son regard fuit au moment où je lâche : « Le rugby, pour moi, c'est fini parce qu'avec des types comme toi… » Il tourne le dos sans me laisser finir.

Les joueurs sortent et me laissent au milieu du vestiaire. Le stade gronde. Les murs vibrent. Ils viennent d'entrer sur le terrain et moi je suis là, tout seul, encore une fois. Au ralenti, j'enlève l'élasto de mes chevilles, qui n'a pas servi, j'entre dans la douche alors que je suis déjà propre. Je me nettoie une dernière fois de tous ces maux accrochés au corps mais ça ne part pas.

À moins de 30 mètres de moi se joue le match le plus important de la saison. J'enfile pour la dernière fois le costard du club que j'ai envie de déchiqueter. Je serre fort ma cravate autour de mon cou.

J'arpente le couloir blanc qui mène au bord de la pelouse. L'ambiance de fête m'explose à la figure. Déjà dix minutes de jeu et toujours 0-0. Je me cache derrière de grandes lunettes noires et me faufile jusqu'à ma place réservée. Je m'assois sans trop faire attention aux gens qui m'entourent et me tapent sur l'épaule, me soutenant comme ils peuvent. Un coup de sifflet retentit. La cuisse de Juan Martin vient de péter. Il quitte la pelouse en boitant et me tape dans la main en passant. Je ne lui en veux pas. Un type comme lui à cinquante pour cent en vaut trois comme moi.

Je ne regarde même plus le match, je suis comme dans le cosmos. Ça siffle, ça bourdonne, ça gronde. La bière me fait tourner la tête. Tout va très vite. Ça perd et je me retrouve seul, après leur bataille, au milieu du terrain alors que Biarritz soulève le bouclier. La tribune Paris s'est volatilisée. Celle des Biarrots est en éruption. La solitude, extrême et douloureuse, m'attrape la gorge. Je fonds en larmes. Je suis statique, paralysé, je n'arrive plus à penser. Mathieu Blin dit qu'on sera meilleurs la prochaine fois. Je regarde les supporters. Je prends mon sac et je rentre chez moi. Nous sommes le 11 juin 2005, il est 23 h 45. C'était ma sixième finale. Qu'ils ont perdue, qu'on a perdue, que je n'ai pas jouée.

De soleil et d'alcool

Été 2005

Je suis un cran d'arrêt prêt à sortir. Je touche le chômage pour sept cents jours. 3 000 euros par mois. Assez pour vivre comme avant. Assez pour péter les plombs, aussi. Je ne sais pas comment je vais ni ce que je vais faire après.

Je choisis Saint-Tropez pour mon naufrage. Je ne fais plus de sport du tout. Juste un footing, mais je me perds en route. Je loge chez mon ami Seb Moreu, un artiste généreux dont la famille possède une grande maison en plein centre de la ville. Avec une plage privée. Tous me cocoonent. Je ne paie que le parking pour ma Crossfire noire, une sorte de machine spatiale, garée sur une planète étrange, peuplée de jolies filles et baignée de soleil et d'alcool.

Déjà, l'été de l'année passée, c'était ventriglisse et plan cul. On buvait à la paille dans des seaux. Là-bas, je vis mon exutoire dans ma tenue de héros. Marcel rouge et short du club. Je suis gaillard comme un âne. Un prototype de mec. Pétards et poppers m'aident à oublier la vraie vie. Je teste une pilule de Cialis, le truc miracle pour faire bander non-stop. Seul produit dopant ingurgité dans ma courte carrière. L'effet dure une semaine.

Je suis une machine de guerre. Je sors avec une serveuse sexy, je me nourris de poissons grillés et de rhum ambré-Coca light. Paris n'existe plus. Je suis un autre.

Autour de moi gravitent des gens bonnards qui savent recevoir. Jean-Roch, fervent amateur de rugby, connaît mon histoire. Il accueille au VIP l'étoile fuyante, l'espoir déchu, comme si j'étais quelqu'un d'important. Les videurs sont mes frangins. Des Russes viennent me taper dans le dos en disant « T'es un bon type ». Les mecs ont sûrement tué quelques prisonniers au goulag cet hiver, mais je m'en fous. Je me fous de tout.

Mes potes Pierrot, Rodolphe et Salim viennent me voir pour trois soirs de fiesta totale. On se fait des masques avec les manches de nos sweat-shirts. On s'asperge de champagne. On est des animaux au milieu de la boîte. Il est 5 heures du matin quand deux regards me défient. Deux types accoudés au bar, l'air de dire « J'vais m'le faire ». J'ai un moment d'inattention. Le premier me bouscule, le second me fait un croche-patte. Je dégoupille en un éclair. Comme dit ce con de Terminator, la colère vaut mieux que le désespoir. Je vais pas tendre l'autre joue. J'emplâtre le premier. Son acolyte attrape un verre et me le colle dans la gueule. Je deviens fou. Salim vient à ma rescousse, il fait tournoyer son bras pour assommer mon agresseur. Au moment du choc, le gars se baisse et je reçois le poing de mon ami en pleine face. Il a une bonne droite, le con. Un cercle se forme autour de nous. Les deux fouines se barrent en courant. On sort pour les chercher. Le sang coule le long de mon cou. Des flots d'hémoglobine me passent devant les yeux, qui se ferment avant l'arrivée de l'ambulance.

L'entaille a manqué de peu la carotide. La trombine du médecin couturier m'est familière. La salle des urgences aussi. « Monsieur Poulain, va falloir vous calmer un peu… » dit le docteur en suturant mon cou troué. Je commence à lui expliquer les difficultés de l'après-rugby, le vide de ma vie à remplir de rhum. « Oui, d'accord, mais ce n'est pas une raison pour se mettre sur la gueule tous les ans à Saint-Tropez », professe-t-il. Il n'a pas oublié ma mésaventure de l'année passée. Moi non plus d'ailleurs.

On s'était fait barrer l'entrée d'un bar et j'avais fendu le videur comme une bûche. Des coups dans tous les sens. J'avais tout lâché, toute l'adrénaline du Championnat. On s'était cassés mais le type nous avait suivis et m'avait explosé, par-derrière, un cendrier sur le crâne. Par-derrière, ça ne se fait pas ! J'étais encore dans les pommes quand les pompiers étaient arrivés, avec une équipe de M6 les filmant vingt-quatre heures sur vingt-quatre. Manquait plus que ça, ma tronche ensanglantée en prime time, à demi bourré dans un rade de Saint-Trop'…

Le coup du cendrier ne m'a pas dissuadé de retourner à l'Escale cette année. Revoir le mec (un Italien de compète gonflé par la muscu) et s'expliquer entre hommes. L'hémorragie carotidienne ne m'empêche pas non plus de mener ma vie de plagiste fou. Je continue à sortir décoré d'une bordée de points de suture, rehaussée d'une touffette de coton scotchée sur le côté du cou. La classe tropézienne.

Les rêves ont une fin, les cauchemars aussi, peut-être. Au bout de soixante nuits.

Dépucelage en douceur

Octobre 2005

Je viens de vendre mon bolide et de remettre mon permis aux autorités. Je n'ai plus de points, à part ceux qui me suturent le cou. J'achète en cinq minutes le scooter sans permis dont je rêvais quand j'avais 14 piges. Il plafonne à 48 km/h à cause du rodage et de mon quintal retrouvé. Les gamins me sifflent dans la rue en me gueulant : « Il est chammé ton scooter ! Tu le vends combien ? » Laissez-moi tranquille, sales gosses.

Un soir, je pars rue de Ménilmontant retrouver l'équipe de Richard Bohringer qui tourne le film *C'est beau une ville la nuit.* Il m'a à la bonne, ce bon gars, et il aime le rugby. On tchatche, en fumant un pétard, des valeurs des hommes et des troisièmes mi-temps. Il me propose un petit rôle dans son road-movie : je serai l'ange, une silhouette qui erre dans son bar. Je suis content qu'il me prenne sous son aile. J'apprends en observant Romane, sa fille, et tous ces acteurs à la place de qui j'aimerais être.

Une semaine de tournage, un dépucelage hyper-humain à grands coups de bières, de pétards, de pinard, de musique et de rires. Tout le monde, acteurs, techniciens, musiciens, forme une équipe bien bordélique et bien soudée. Chacun est à sa place. Ça chante, ça danse, ça tourne et ça coupe. Je ne passe que dix secondes à l'écran, mais les images transpirent mon état du moment. Je suis à la fois perdu et heureux, lucide et bourré, seul malgré tout.

Au fond de la classe

Automne 2005

Petit Poulain retourne à l'école avec son cartable. Me voilà apprenti comédien au Laboratoire de l'acteur. Je suis un Frankenstein de la vie avec mes cicatrices et mon envie d'en découdre avec moi-même, les autres et ce métier. Je suis là pour revivre, mais la machine peine à se mettre en marche. Après avoir été plongé dans le formol intellectuel, il faut remettre en marche le cérébral. Après quatre ans à vouloir maîtriser un corps qui part en vrille, il faut réapprendre à lâcher prise. Exercice de relaxation pour oublier le banquier, le rugby, le début de la dépression et les bouts de chair laissés aux quatre coins des terrains de France. Ne penser qu'à être soi dans la peau d'un autre. Mais pour moi c'est déjà trop compliqué d'être bien dans la mienne. Je me fous au fond de la salle, tout seul, dans un coin.

Au bout de quelques cours, la prof me transfère en seconde année.

Premier jour dans ma nouvelle classe. J'entame un exercice d'improvisation avec un type plus grand que moi mais moins costaud. Aymeric. Pendant dix secondes, c'est l'observation, puis il s'approche en tournant autour de moi. Je ne bouge pas, intimant à la bête de s'approcher. À quelques centimètres de moi et sans explication, le type me gifle. « Slap ». En pleine face. Alors, c'est ça le cinéma ? Maîtrise-toi, Raphaël... J'ai du mal à contenir l'afflux sanguin qui éclate de partout. Je passe en mode animal. Il veut se prouver qu'il est capable de me faire craquer... J'ai envie de lui foutre sur la gueule à ce mec qui, comme tous les autres, a voulu se frotter à moi pour tester son système identitaire et sa testostérone. Sois intelligent, Raphaël... J'ai les mains qui tremblent et le front qui perle. Tu ne sais pas qui je suis ni ce que j'ai au fond, mon petit Aymeric, mon petit faisan faussement candide. En un coup je peux te tuer. Je ne baisse pas le regard et il fuit subitement en tournant le sien vers le sol. Je m'approche doucement de lui et lui respire dans le cou. Il sue le petit cochon. C'en est trop pour moi aussi. Je suis au bord de la convulsion et demande à la prof d'aller m'asseoir. C'est ça ou je l'emplâtre. Je ne sais pas encore me maîtriser tout à fait avec ce genre de types. Je m'assois au fond du théâtre. Demain je retournerai dans ma première année. Ras le bol d'être surclassé.

Au milieu des vaches à lait seuls un ou deux élèves perceront. Je vois de tout. Du transfert, du sur-jeu, des fausses grimaces, de vraies larmes, de la nudité injustifiée, des cris insonores et faux. Il y a parfois un éclair de génie mais les autres rament à se rendre compte que cette formation coûte un bras et qu'ils ne sont pas faits pour ça. Entre Bisounours aux dents acérées, on fait nos gammes en rêvant aux premiers rôles, incapables d'avoir un peu de recul sur nos prestations. Ça se vexe, ça se congratule, ça manque de sincérité mais c'est pas grave. Certains se croient déjà dans le show-business avant même d'avoir coupé le cordon.

Au coin d'une clope, je rencontre un type. Un bonnet vissé sur le crâne, 24 ans. Un bon mec ça se sent, ça se voit. C'est dans le regard. Pas dans les grands gestes façon commedia dell'arte. Non, ce mec-là c'est du vrai. Il me demande pourquoi je suis au fond de la classe tout le temps. Je lui explique d'où je viens. Je lui raconte les grandes lignes rouges de mon passé. Vingt clopes plus tard, autant de cafés sur la table, il me raconte sa vie, de Belfort à Strasbourg, à Marseille, et Paris. Ses galères, sa passion pour le cinéma, ses études à Montpellier. Tahar ne calcule rien au rugby. Je suis en manque d'authenticité et lui ne recherche pas la lumière. Les jours passent. On avance l'un vers l'autre, on est sur le même banc d'école. Il me file des conseils sur la scène que je travaille. Je lui donne mes sensations sur la sienne. On partage avec Romain et Olivier, nos potes de classe. On critique, on se marre, et les jours passent. Une nuit de fête scelle notre amitié. Tous les deux, à tchatcher au Pousse-au-crime. Au détour d'un verre il me dit qu'il passe ses après-midi à mettre des CD dans des boîtes en plastique et qu'il bosse la nuit au Man Ray, un night-club parisien près des Champs-Élysées. Il se fait juste assez pour payer sa piaule minable de 500 euros et ses cours de théâtre trop chers. Sans hésiter, je lui dis que j'ai de la place dans mon appart, où habite aussi mon amie Thérèse. Il ne répond pas, pudeur oblige. La soirée se termine au Old Navy à bouffer une bavette pour moi et un poisson pour lui. Il est 8 heures du matin et je viens de trouver un ami.

Un Poulain dans la brousse

Avril 2006

J'ai les sandwichs de midi qui ne passent pas. Ils ont dû me faire bouffer de l'antilope ces cons-là à la cantine, c'est pas possible. J'ai le ventre gonflé comme un ballon et une chiasse dantesque. Ma carrière d'acteur commence fort. *Pars vite et reviens tard*, réalisé par Régis Wargnier. Premier jour de tournage, au fin fond de la savane sud-africaine. Je dois pousser un cascadeur complètement givré du haut d'un précipice sans fond. Je suis accroché à une grue par un bout de ficelle que même ma mère n'utiliserait pas pour tricoter. Je résiste malgré tout à la pression, le ventre serré, et la prise est bonne.

Dans le petit bus qui nous ramène au bercail, on croise une dizaine de buffles, quelques phacochères, un crocodile et trois girafes. Tout le monde a le museau collé aux fenêtres et admire la faune africaine. Moi, je ne bouge pas. Je sais que si je me redresse je vais faire un bad trip ou je vais me faire emplâtrer par une hyène attirée par l'odeur de plus en plus tenace que je dégage. Elles le sentent ces sales bêtes quand le bétail est mal en point. J'ai vu ça dans les reportages.

L'engin s'arrête au beau milieu de la brousse. Un autochtone vêtu avec chapeau, chemise verte bien rentrée dans le short, chaussettes à mi-mollet et bottines caca d'oie, nous accueille tout sourire. Je me dirige tant bien que mal, ma valise à la main, vers le bungalow 27, sans me douter que je suis suivi. Je passe devant une baie vitrée et… Surtout plus un geste, Raphaël. Rassemble tes esprits et ne te retourne pas. Un guépard vient de s'asseoir à deux mètres de moi et me fixe, immobile, à travers la vitre. Même avec les cannes de Bernat-Salles je ne fais pas 3 mètres sans finir la gorge ouverte en deux et les tripes à l'air. J'entends son ronronnement de plus en plus intensif. Comme un moteur diesel.

On m'avait prévenu qu'il fallait faire attention aux moustiques, mais là c'est pas la même musique, les gars. Dans un excès de courage ou d'inconscience, je tends la clé prise délicatement dans ma poche et vise la serrure sans lâcher du regard la bête qui grossit à vue d'œil. Je saute dans ma chambrée en criant, je claque la porte et me retourne. Ma valise est restée sur le perron. La bête s'en approche et la renifle. Elle lève la truffe vers moi puis s'en va aussi vite qu'elle m'était apparue. Les effluves de ma gastro ont dû la faire fuir. Si j'avais su plus tôt…

Après une heure à traquer les moustiques, le calme revient. Je n'ai plus de suée ni d'hallucinations, j'en veux pour preuve la cinquantaine de bestioles éclatées sous la semelle de ma claquette. Je m'assois sur mon lit et fixe la porte barricadée. Je m'endors.

Je me réveille épuisé. Il est 7 heures du matin et je suis à poil sur le sol froid. J'essaie d'enfiler un jean mais c'est trop compliqué. J'ajuste un short et un marcel et sors de la chambre en claquettes. Pourquoi il y a un meuble devant la porte ? Qui a mis ça là ? J'arpente les 50 mètres qui me séparent du petit déjeuner et du médecin qui va prendre soin de moi. C'est alors que, pris de panique par la vue d'un animal jaune tacheté de noir vadrouillant à mes côtés, je me fends d'un sprint à travers le parc, comme à l'époque de ma gloire d'antan. Les claquettes volent. Je raffute un palmier. J'esquisse un cadrage débordement face à un bosquet plein d'épines mais je le loupe et m'éclate dans les ronces en roulant. Il y a une piscine à moins de 20 mètres. Je me revois en 2001, match contre Agen. Temps magnifique, comme aujourd'hui, un vent sud sud-ouest force 4 à 5 mollissant, une température extérieure de 28 °C, nous sommes à la quatre-vingtième et menés de trois points. C'est le moment que je choisis pour déborder sur l'aile gauche. Je percute un type au milieu du terrain après avoir réalisé quelques roulades. Deux relais plus tard nous voilà dans le camp adverse. Tous les joueurs touchent la balle. J'ai un boulevard devant moi. Je vise le poteau de coin, il ne me reste plus qu'un mètre pour plonger et aplatir. Ça y est, j'y suis ! Et pourtant je ne m'arrête pas. Pris dans mon élan de bourrin je percute un dernier défenseur qui me fait bondir hors des limites du terrain. Match terminé. Je n'avais qu'à plonger droit pour libérer mon équipe mais, toujours plus gourmand et toujours plus débile, j'ai oublié de me fendre d'un saut salvateur. Un grand moment de rugby. Il s'agirait de ne pas réitérer cette erreur de jeunesse aujourd'hui.

La piscine est à 1 mètre. Mon en-but. C'est une question de vie ou de mort cette fois-ci. Si je la loupe, au lieu de la fessée, je vais me faire bouffer le cul. Je prends mon élan, saute sans savoir qu'il s'agit du petit bassin et me râpe la tronche sur le fond. Persuadé que le gros matou ne me suivra pas en milieu aquatique, je prends le temps de vérifier si mes dents sont bien là. J'entends comme un bruit de hors-bord qui file dans mon dos, droit sur moi. Il a sauté. Je vais me faire becter. L'animal se rapproche en nageant, propulsé par des coups de pattes frénétiques. Je suis tétanisé par la peur et ces putains de moustiques qui m'ont refilé le chikungunya. C'est alors que j'aperçois le type de la veille, habillé en trappeur, qui se dirige vers nous en se marrant. « *Her name is Cheetah, she is a girl. I think that she loves you !* » Mais quel con. J'ai rien bouffé de la soirée, j'ai l'impression d'avoir chopé la pire des merdes dans son putain de pays, j'ai vu la mort en face, et ce con me dit que c'est une fucking petite peluche apprivoisée. Je veux rentrer chez moi maintenant, qu'on me laisse un peu en paix. Moi qui me demandais comment j'allais remplacer les émotions vécues dans le rugby, me voilà servi. C'est beau la vie. Et merde.

Petitjean

15 mai 2006

— Qu'est-ce que tu fous là ?

— Pardon ?

— Mais non, tu dois pas parler. En fait tu débarques de ta campagne écossaise et tu te retrouves dans une cour d'exécution au Moyen Âge. Il y aura onze autres comédiens et tu seras le seul à ne pas avoir de texte.

— Ah, d'accord...

— Bon, on reprend... Qu'est-ce que tu fous là ?

À vrai dire, je ne sais pas trop ce que je fous là, tout seul sur l'immense scène du théâtre Marigny, face à ce metteur en scène et ses assistantes. Le plancher verni renvoie le reflet de ma gueule enfarinée. Il y a des glaces tout autour. Une lune en carton est perchée à 5 mètres du sol. Les spots de lumières m'aveuglent. Une hache, un billot et une charrette sont censées me mettre dans l'ambiance. Je postule pour le rôle de Petitjean, un apprenti bourreau dans *La Dernière Nuit pour Marie Stuart*. Si ça marche, je partagerai l'affiche – enfin un tout petit bout – avec Isabelle Adjani. En fait, j'auditionne pour le dernier rôle qui reste à distribuer. Le dernier sur la liste. Je dois cette audition à mes remarquables performances de modèle sur les calendriers à poil du Stade Français. Bref, ils veulent « une silhouette ».

— Qu'est-ce que tu fous là ?

Euh... Je réponds avec trois consonnes que j'aligne en bougeant les mains. On dirait un gosse de 2 ans qui essaye de demander à aller aux toilettes. Je ne sais pas quoi faire. Je suis gêné. Je suis déjà désespéré par ma performance.

— Qu'est-ce que tu branles ici ?

Voilà qu'il m'agresse encore, ce « casting director », de derrière ses petites lunettes. La salle vide me paraît démesurée. J'ai envie de me cacher. Je tournicote, au bord des larmes, déboussolé. Je ne joue pas. Au bout de cinq minutes de torture, le bourreau est libéré.

— Viens t'assoir.

Le boss me présente le projet en quelques mots. « Tu en feras partie », conclut-il. Une assistante : « Pas trop frustré de ne pas avoir de texte ? » De mon immense sourire : « Ça fait un an que j'attends ça... » Un an que le public me manque. Et me voilà à signer un bail de 115 matches aux côtés d'Adjani, en lieu et place de Dominici. Ça va me changer.

Une bonne sitcom

Juin 2006

Je suis posé en plein soleil, à la terrasse d'un petit bar près de la rue Oberkampf, à deux pas des cours de théâtre. Tahar me rejoint pour le petit café de fin d'après-midi. Je lui raconte mon tournage africain et mes essais encourageants en tant qu'apprenti bourreau. J'espère que ça va me plaire. « Inch'allah. » Tahar touille le fond de sa tasse avec précaution et me regarde, droit dans les yeux. « Bon, je crois que je vais accepter ta proposition, Raph. C'est vrai quoi, je ne vais pas rougir et faire le mec gêné, je crois qu'on peut se faire confiance, toi et moi. Je veux bien être ton coloc. Par contre je veux payer une partie du loyer, c'est important pour moi ! — Pas de problème, tu payeras ce que tu pourras mais priorité aux cours pour ne rien avoir à leur devoir le jour du départ. »

La machine est lancée. C'est parti pour la vie étudiante à l'auberge de jeunesse du XVe. Tahar, Eugénie et Raphaël, trois destins enfermés dans un trois pièces. On se croise, on se pose, on fume clope sur clope en refaisant le monde. Et moi toujours à la muscu… Ça se chambre, ça se congratule au moindre casting réussi ou à la moindre bonne note. Les amis passent en coup de vent : tantôt un cousin, une sœur, un petit frère, tantôt Luc et Emmanuelle, il y a de la place pour tout le monde. On joue à la Playstation sur le mur avec les personnages de *Dragon Ball* en grandeur nature. J'avance vers mes 26 ans et me voilà enfin dans la vraie vie de Paris. Bon, toujours avec un bout de chômage, mais aussi avec des horaires et une vie sociale un peu plus normaux. À 6 h 30 du matin : Thérèse croise Tahar qui rentre du boulot, petit déjeuner organisé au coin du plan de travail. Pour peu que je me lève pour pisser, le casting royal est réuni. Tout est bien huilé. On ne se marche pas dessus. Chacun respecte l'autre. L'un sur la machine à laver, l'autre sur le sèche-linge, la troisième sur la gazinière, on construit notre monde sans se prendre la tête. Le salon face à Paris devient notre studio hollywoodien. On s'imagine qu'un jour elle nous appartiendra cette putain de cité et qu'avec nos tripes et nos talents on se vengera des galères passées. On répète nos scènes, on se file la réplique, on simule nos plus grands rôles. Ce soir, Tahar Pacino et Raph De Niro crèvent l'écran. Une seule spectatrice, toujours la même, l'amie Thérèse, bien patiente face à ces deux colocs gamins. On grimace, on se moque en caricaturant nos petits camarades de classe, dans leurs scènes présentées en cours le matin même. Y a de quoi rigoler quand même. Du vrai, de l'authentique sans chichis sans blabla. On réussira tous les trois sans fantasmer nos carrières futures. On se le promet à grands coups de rigolades, de fous rires, de potions hallal et de cendriers pleins à craquer. Inch'Allah ! Comme dans une bonne sitcom des années 80 avec la rousse, l'Arabe et le chippendale.

Le pire des impacts

Été 2006

Je suis dans la cour du théâtre, prêt à faire mon entrée en scène. Mes parents sont installés au dernier rang. J'ai le palpitant qui bat à dix mille, comme pour ma première pièce dix ans plus tôt, comme pour mon premier match de rugby aussi. C'est le quatrième jour des auditions de fin d'année de l'école de théâtre. C'est à mon tour. J'entre en scène, jetant un furtif coup d'œil au fond de la salle. Dans la pénombre je reconnais le visage de ma mère, la barbe de mon père et les cheveux blonds de ma sœur. Du bonheur. Quatre minutes de lâcher prise. On présente un extrait de *Frankie et Johnny*. Je joue un Al Pacino bodybuildé, en slip sur scène, à peine sorti de tôle. Je mange un gâteau, pousse une gueulante, claque la porte et le tour est joué.

À la fin des auditions, après avoir rangé les décors, je rejoins mes parents dans un restaurant au bas de la rue du théâtre. Heureux de pouvoir les serrer dans mes bras, je ne fais pas tout de suite attention aux larmes qui coulent discrètement sur le visage de ma sœur Perrine. Les miens m'entourent mais quelque chose ne va pas. Mon père annonce que ma mère est malade, sans prononcer le mot cancer. Les auditions et ce putain de métier deviennent tout à coup insignifiants. Ma mère me prend la main et fond en larmes en chuchotant : « Ça va aller, ne t'inquiète pas. » Mon père me caresse l'autre main en regardant ailleurs. Pudique, il ne montre pas ce qui le touche au plus profond de lui. Il dégage une telle force à cet instant que je ravale mes larmes et tente moi aussi de faire bonne figure. Mais c'est trop dur. Je ne suis pas encore comme lui, un homme, et je le serre fort ainsi que ma mère et ma sœur entre mes grands bras tremblants. Les émotions débordent en cette jolie journée de juin.

Dans deux jours, elle se fera opérer. Dans deux jours j'entre en répétitions au théâtre Marigny pour mon rôle d'apprenti bourreau. Après avoir essayé d'avaler une salade et de boire un quart de verre d'eau, ils me quittent déjà pour préparer l'entrée à l'hôpital. J'éprouve ce qu'a dû ressentir tellement de fois ma mère lors de mes opérations : la peur, la vraie peur. L'inquiétude pour ceux qu'on aime. Dans deux jours ce sera le début d'un tiraillement entre un vrai moment de bonheur à monter enfin sur scène et un moment dur et froid comme le marbre, violent comme le pire des impacts.

Je retarde mon entrée en piste d'une journée afin d'être présent au moment du réveil de ma maman. Accompagné de mon père et de mes sœurs, j'entre dans le bureau du médecin qui vient de l'opérer : elle aura une chance sur deux de s'en sortir. Putains de médecins et leurs grands mots. Une de mes sœurs s'assoit, l'autre flanche, les jambes en coton. Mon sol à moi se dérobe et je me rattrape à une table qui traîne là. Mon père, stoïque, pose les questions d'usage – si usage il y a dans un moment pareil. Le docteur reste le nez dans ses feuilles et ne nous regarde même pas. Lève les yeux, bordel, à croire qu'elle ne mérite pas le respect et un regard rassurant de ta part… J'ai envie de le déchirer en deux dans sa blouse blanche alors qu'il n'y est pour rien.

En sortant du cabinet et avant de monter la voir, on se jure tous les trois, mes sœurs et moi, qu'on va lui apporter toutes nos forces. Je nous revois dans la salle de bains familiale quinze ans plus tôt. Mes sœurs et moi avions signé un pacte de non-agression et de non-bordel afin d'apaiser le quotidien de nos parents. Nous nous étions serrés les uns contre les autres, comme aujourd'hui, avant d'entrer dans la pièce.

Le lendemain j'entre en répétitions, nous sommes le 1er juillet. L'été commence et le mien a une saveur particulière. Comme un sucré-amer, comme bonheur d'enfer.

Finale à Marigny

7 septembre 2006 - 1er janvier 2007

Le rideau de fer se lève sur une salle presque vide. L'atmosphère est pesante. L'air manque. Je pose un temps la charrette pour observer à travers l'obscurité le lieu dans lequel on m'a amené de force. Trois jours plus tôt j'étais un jeune paysan muet dans ma campagne écossaise et me voila projeté sur le théâtre de mise à mort de la reine Marie Stuart. Le bourreau de celle-ci, mon patron pour la soirée, me bouscule violemment pour que j'installe ses affaires. La reine déchue apparaît en chemise de nuit. Je n'ai jamais vu une femme de ma vie. Je l'observe crier ses peurs. Je suis Petitjean, apprenti bourreau, spectateur et acteur d'une mise à mort qui le dépasse. Mon prédécesseur s'étant fait becter par des loups, j'ai dû le remplacer malgré moi pour prêter main-forte au gros bourreau dans sa besogne : la mise à mort de la reine. Au fur et à mesure de l'action, des gens déambulent sur le plateau. Chacun y va de sa rapine pour délester la souveraine déchue de ses bijoux et de son statut. Et moi je ne parle pas. Je tire la charrette, je bouffe du poulet, je cire des bottes, je tombe amoureux secrètement de la future assassinée. Je pleure à sa rencontre, je me déguise en cuir (assez excitant, soit dit en passant), je me fous des guêtres en larges mailles laineuses et dodues. Je chiale au moment où elle me touche les mains, je suis encore en larmes au moment où, après presque deux heures de spectacle, le bourreau lève enfin sa hache pour la décapiter.

Le rideau tombe puis se relève. La lumière se rallume. Je suis face aux sièges presque tous vides du théâtre Marigny. On vient de jouer la couturière devant une petite dizaine de spectateurs, et pas n'importe lesquels. Ma mère à peine sortie de chimiothérapie, accompagnée de mon père, ma sœur Fanny et son ami, Thérèse, Tahar, Luc et Emmanuelle ont pu venir avant leur départ pour l'Australie demain matin. Ma sœur Noup n'est pas là mais viendra bientôt voir son frérot. Tous les comédiens ont accepté que mes proches, ceux que j'aime, soient là aujourd'hui devant moi. La voilà ma finale tant rêvée. On salue et je chiale comme un gosse. Isabelle nous invite dans sa loge. Elle prend les mains de ma mère entre les siennes, comme elle fait avec moi sur scène, et, sans grandes paroles, partage ses émotions. Isabelle me prend alors dans ses bras comme pour me réconforter. Je ne peux même pas la serrer, je risquerais de broyer sa belle robe toute perlée. Je suis heureux aujourd'hui. La machine est lancée. Prêt pour la première.

Cent quatorze représentations plus tard. Le 31 décembre. C'est la dernière pour *Marie Stuart* et le théâtre est plein à craquer. Je fais un petit bilan avant de monter sur scène, seul dans ma loge : j'ai donc bouffé 114 poulets et le 115e ce soir, j'ai tiré 114 fois la charrette, j'ai fermé ma gueule pendant neuf jours et douze heures (soit 228 heures sans moufter, sans l'ouvrir, ce qui constitue pour moi un exploit). Ajouté à cela, j'ai chialé 241 fois (à part un dimanche où j'ai pu chialer que deux fois dans la pièce parce que j'avais pris un gros carreau la veille et je me suis un peu assoupi au moment de la larmichette). J'ai entendu 32 ronflements lors des fameux après-midi des vieux, j'ai fait 3 chutes dont une qui a failli me coûter un coude et une rotule. La seconde était un mauvais pari avec Benjamin Kayser qui m'avait dit avant la pièce : « 100 euros que tu te casses la gueule ce soir. » Eh ben pas manqué, sans faire exprès, je me suis fendu d'un petit cadrage débordement, comme chaque soir au moment le plus tendu de la pièce quand une guêtre est venue se glisser sous ma godasse me faisant faire un vol plané ridicule. Soit 100 euros en plus dans la besace du bourreau, et une petite contracture au mollet en prime.

Par le trou du rideau je vois s'asseoir mes parents au quatrième rang. Jérôme s'assoit lui aussi avec une bande de potes. De l'autre côté, un siège vide et réservé n'a pas encore trouvé son propriétaire. Ce siège appartient à mon coup de foudre apparu au coin d'une séance de relaxation quelques semaines plus tôt. Une crise de larmes sur une vieille moquette et deux regards éberlués qui se croisent. Puis deux mois à se cacher pour se voir et s'embrasser, juste s'embrasser. Chaque soir de représentation je la retrouve, avant de traverser les Champs-Élysées en scooter pour ne pas manquer la levée du rideau.

Mais ce soir son siège est vide. Mon sang se glace quand les lumières baissent. Je l'aperçois qui traverse la salle en courant et s'assoit sans un bruit. Elle a pu se libérer des griffes de son mec, je suis l'amant le plus heureux du monde. J'attrape alors ma charrette, prêt à faire fumer les roues comme un dragster. Je crois bien que je bande mais je m'en fous, mon costume cache ma bosse tandis que les lumières s'allument.

Le poulet est bien là, les tabourets aussi. La cagoule du bourreau ? Elle est où la cagoule ? L'accessoiriste caché derrière le rideau me répond doucement pour me calmer. Il sait que les dernières sont toujours les plus intenses et qu'il ne faut pas s'énerver, sous peine d'avoir des trous de texte. Je m'en fous, je suis muet et ce qu'il me raconte n'explique pas où est cette putain de cagoule. Il se marre, me laissant con au milieu du décor. Je me remets frénétiquement à chercher. Après une minute interminable, je la trouve enfin. Elle est sous le panier de bouffe, à côté des chaînes et de la hache. Je la vois, elle me rassure. Je la pose délicatement à l'arrière de ma charrette, bien en évidence. Je respire un bon coup avant de me placer au milieu du plateau. Je suis prêt ! Le rideau va se lever pour ma dernière sous les couleurs du bourreau. Je peux commencer mon petit rituel d'avant représentation, comme avant chaque match. Je prends alors, en respirant profondément, la température du public. Je savoure égoïstement chaque instant avant l'arrivée des autres comédiens. Le rideau de fer me sépare du public. Les larmes me montent aux yeux mais ce n'est pas le moment de pleurer, il est temps d'entrer dans la peau de Petitjean. La salle est pleine maintenant. Les derniers spectateurs s'installent. Je me retourne, Isabelle me salue en s'étirant, avant l'ultime mise à mort de Marie Stuart. Elle s'approche de moi et me prend les mains en me regardant, j'en ai la chair de poule. Elle me souhaite de profiter de cette dernière qui, je le sais, sera magistrale. J'ai cette soudaine envie de pisser annonçant l'ultime coup d'adrénaline et de stress.

Le bourreau est installé, Marie Stuart va entrer en scène et j'ai ma charrette bien en main. J'ai encore envie de chialer mais il ne faut pas, pas maintenant, je dois d'abord décharger la charrette, ensuite cirer les bottes et ce n'est qu'après avoir bouffé le poulet et sorti la hache que l'émotion est censée arriver.

Nous sommes à la cent-vingtième minute de jeu. Marie s'avance vers le billot. Dans un dernier geste d'humanité, elle me regarde furtivement avant de se mettre à genoux et de se pencher pour ne plus jamais se redresser. La hache s'abat sur la nuque blanche de la reine déchue. C'est le coup de sifflet final, le rideau tombe. Le public, après un temps de silence, se met à applaudir de plus en plus fort pour ne plus s'arrêter. Je ferme les yeux et je vois les drapeaux bleu et rouge qui volent dans le stade. Les roses blanches pleuvent de partout et s'échouent comme des plumes sur l'avant-scène.

C'était la dernière, ma dernière dans ce théâtre magnifique. Le stade exulte et communie. Le rideau se relève, nous entamons un tour de terrain en marchant doucement pour profiter de chaque instant et chercher nos proches parmi les milliers de spectateurs et de drapeaux qui s'agitent. Comment pourrais-je vivre encore d'autres émotions comme celle-là ? C'est ma finale, c'est mon Parc des Princes. Je prends mes potes dans les bras comme si ça faisait des années que je ne les avais pas vus. On se serre tous pour lâcher les dernières forces avant de rentrer au vestiaire. On entame ensemble une danse déstructurée, ridicule, nulle devant la caméra qui retranscrit notre déhanché sur les grands écrans du stade. Le public est toujours debout et attend la fin du tour d'honneur. Le rideau tombe une dernière fois pour ne plus se relever. Les comédiens remontent dans leurs loges, me laissant seul au milieu du plateau, au milieu de la scène, au milieu du terrain.

Quelques jardiniers soignent les plaies de la pelouse éventrée. Je m'allonge. Le parc est mon jardin, je redeviens l'enfant au milieu de ma campagne. Je suis apaisé, fatigué mais heureux et fier de moi. Au retour dans ma loge, j'attrape ma mère et je la serre fort contre moi, mon père me tape sur la tête avec un grand sourire, fier du fiston. Les gens défilent. Mes amis, ma famille, et tous ceux qui ont un jour ou l'autre partagé un bout de pelouse avec moi. Ma mère a encore la larme à l'œil et mon père n'arrive pas à enlever son petit sourire. Je deviens spectateur à mon tour. Ce soir c'est Happy new year à Marigny. Il est presque minuit. Mes parents dansent un rock au beau milieu du théâtre, me prouvant par l'intensité des pas la santé retrouvée de ma mère. 3, 2, 1, 0, bonne année. J'embrasse mon coup de cœur. Tout est réuni une fois de plus. Parc des Princes ou Marigny, théâtre ou rugby : le même combat, le même partage. Ce n'est qu'un jeu après tout. Et quand tout s'arrête…

La machine de guerre

Avril 2007

En fin de représentation, six mois plus tôt, j'embrasse toute la troupe. Je sors et retrouve un groupe de personnes emmitouflées dans de gros manteaux bien chic. « Désolé pour mon retard, le costume est relou à enlever. » Mon agent me tire par le bras, sérieusement énervé. « Qu'est-ce qui t'arrive ? Je t'avais dit de faire vite, elle est enceinte et on est en plein hiver, si t'as pas remarqué. — Euh… bonsoir, madame. » Je tends la main à une dondon enceinte jusqu'au chignon. Pas le temps de prendre la température que le vendeur à la sauvette se met à faire mon éloge à cette directrice artistique ultra cotée.

— Alors Raphaël est un ancien rugbyman international du XV de France *(bordel, justement j'ai jamais joué en équipe de France, connard…)*. Il a fait plusieurs fois les calendriers *(je ne sais pas si c'est très bon de parler de ça, abruti. À part si elle fait des castings pour des films de cul ou des soirées privées sadomaso)*. Il a un gabarit qui en impose mais qu'il est en train d'affiner d'ailleurs, n'est-ce pas Raphy ? — Bien sûr, Nico *(ça tu peux toujours te brosser, mon petit père)*.

Je suis un bestiau d'exposition au Salon de l'agriculture. Et v'là mon montreur d'ours qui me passe la main dans les cheveux en disant, tout sourires :

— Il est pas beau, mon gros bébé…

Là, c'est le pompon. *(Je suis à deux phalanges congelées de lui casser la bouche.)* Dans deux secondes il va montrer mes ratiches et me demander de hennir. La poule faisane n'a pas bougé d'une plume. Elle me fixe sans réaction, mis à part le filet d'air congelé qui émane de son bec violacé. Elle va nous pondre un œuf. L'emplumée tourne la tête vers mon vendeur de churros et caquette :

— Il est beau, c'est bien. C'est bien.

Elle se casse. C'est tout ? Ça finit comme ça, la foire aux bestiaux ? Mon agent conclut le drame :

— Poulain deviendra-t-il étalon ?

Superbe. Merci.

Ça, c'était il y a six mois. Aujourd'hui je crois qu'il a perdu mon numéro. Ou il s'est fait couper les mains et les cordes vocales, ou il est parti élever des chèvres cachemires en montagne avec une flopée de Tibétains. Est-ce que c'est lui, est-ce que c'est moi ? peu importe, en fait, le résultat est le même…

Depuis la fin de *Marie Stuart*, j'ai pas vu l'ombre d'un casting. Peanuts. Même pas une pub pour du fromage ou du papier toilette. Que dalle. Y a pas un rôle de figurant brancardier ou de videur de boîte à cul ?… Est-ce que quelqu'un m'entend ? Ouais, en fait plus personne me connaît. On me dit qu'il faut aller vers les gens, envoyer des CV, avoir une « bande démo ». Enfin, sur mon curriculum, j'ai deux lignes. Mon bac et quelques titres de champion avec, en milieu de page, une pièce de théâtre où j'ai joué le dernier rôle, muet, passant mon temps à tirer une charrette et bouffer du poulet. En plus j'ai pas un gabarit de danseuse classique.

Car mon quotidien, ça reste salle de muscu et course à pied. Le même rituel depuis près de deux ans. Est-ce que j'ai fait le deuil du rugby ? J'ai l'impression d'être blessé, d'être sorti du groupe, de ne pas être sur la feuille de match. C'est trop frais. Il me reste quelques artifices, des boucliers poussiéreux, mon écran plasma, et comme un arrière-goût de reviens-y…

Racingman

Avril 2007

Un matin, je change ma routine et rejoins mes anciens coéquipiers du Stade Français pour soulever un peu de fonte auprès d'eux. Au fond de la salle Géo-André, il y a Bibi qui pédale sur son petit vélo. Autour, chacun fait son effort. Quelques tapes dans l'épaule. On se chambre gentiment. On sort deux trois boulettes. Le concours de muscu est encore là. J'y prends part. Je suis encore dans le coup. Le muscle se souvient. Je rejoins mon ancien capitaine, qui mouline comme un malade. Je sais que le Stade va lui péter dans les doigts. À deux mois de la fin de son contrat, il risque d'être remercié lui aussi par l'entreprise. Après onze ans de loyaux services. Il a fait l'histoire du club. C'était lui le mec le plus détesté de France. Le capitaine. Il s'est saigné pour les autres, Bibi. Il pouvait crever sur le terrain. On ne comprenait rien à ses discours d'avant match mais on l'aurait suivi au bout du monde. « On va leur casser la céramique », il disait. « On va pas les prendre avec le dos de la fourchette. » Là, je le vois se donner comme un junior. Toujours avec pudeur. Bibi, c'est le gars qui se met à siffloter quand les mots ne viennent plus. C'est le cas après quelques minutes de conversation sur nos vies respectives. Il descend de sa bécane immobile et me glisse à l'oreille qu'il va tenter l'aventure au Racing Club de France.

Et si je reprenais le rugby, moi aussi ? Je sais pourquoi je retourne à la salle de sport à présent. Je me prépare comme un malade pendant près de trois mois à pousser de la fonte, à courir, à sprinter, à me renforcer seul dans mon coin dans ma campagne provençale, à La Malgue. Je me suis acheté trois ballons Gilbert. Ceux que j'arrivais à crever quelques années plus tôt, tellement je frappais fort dedans. Je me souviens du couinement des coutures quand il fendait l'air sur soixante mètres. Je tape seul dans mon ballon sur le stade d'Eyragues, entre les trous de taupes. Je cours comme un fou dans la propriété, en plein cagnard, je soulève des poids toujours plus lourds, pour me foutre dans le rouge. Le six fois six en développé repasse en moins d'un mois. Je suis prêt pour une nouvelle saison. En apparence.

La machine est à nouveau en marche et j'arrive affûté comme une lame, le 6 août, pour ma rentrée au milieu d'un groupe tout neuf. L'équipe est formée de treize nationalités. Il y a de l'Irlandais, des Samoans, du Sud-Africain, des Australiens, des Anglais, des Néo-Zélandais, un Italien... Il y a les vieux : mon Bibi Auradou, mais aussi Thomas Lombard, Michel Diodé, Jeff Dubois (alias Duwood, Del bosquet mais aussi surnommé la Vieille). Il y a Pichot et Paul Laussucq. Soit une équipe qui peut prétendre casser le cul à pas mal de formations du championnat Pro D2.

Je me jette dans la bataille, sans savoir que mon corps est, dès le début, au bord de la rupture et qu'il n'a pas fini de me faire du mal... Première blessure à Capbreton, avant même le premier match amical face à Bayonne. Pratique : notre hôtel fait face au centre de rééducation que je connais si bien. Je profite de ma convalescence pour saluer Charly, mon préparateur physique attitré, ainsi que Laurent, le kiné. Je reviens à Paris pour le début de saison après le stage de préparation en boitant. Ça commence bien mon retour triomphal, tiens.

Un coussin sous la chemise

Automne 2007

Un soir de poker au club, fin octobre. C'est Halloween. J'arrive aux abords de la Croix-de-Berny dans une vieille Clio gentiment prêtée par le club. Je n'ai toujours pas joué un match ni même signé de contrat. Tout en contorsions, je descends de voiture avec à la main un petit sac plastique. J'avance dans la pénombre vers le bar où je retrouve un de mes acolytes, Gregory Coudol – dit Cou de biche. Ah, la belle surprise : lui aussi est déguisé. Coupe « raie sur le côté à la versaillaise », jeans remonté au-dessus du nombril, chemise de bûcheron et tennis Pony année 1985 aux pieds.

Pour ma part, j'ai ressorti l'attirail d'Halloween 2001 avec le Stade Français. Chaussures trouées, pantalon en velours beige pas repassé, chemise à carreaux marron clair et foncé – genre papier peint de cuisine du début des années 1980. J'ai ajusté un coussin sous la chemise, en guise de bedaine. J'arbore aussi la coupe versaillaise agrémentée de quelques morceaux de farine dans les cheveux : l'effet pellicules. Je sors de ma besace les derniers effets spéciaux pris en double et chacun y va de sa connerie. Bretelles qui pètent, ratiches avalées, la soirée est lancée. Tout le monde a joué le jeu. Certains ont mis un short surfer, un autre est venu avec des lunettes et un casque genre blair rappeur, un autre en tenue de pirate. J.-B. Di Martino n'a pas hésité à être encore plus dégueulasse que nous, mais par pudeur je tairai son costume. Le tournoi de poker est lancé. Après une heure de partie acharnée, il ne me reste plus que trois jetons. Mais comme dit Patrick : « Tant qu'il y a encore un jeton sur la table je suis toujours joueur. » Oui, enfin t'es bien beau Patrick, mais je suis en train de me faire casser le cul avec un cric, parce que tous les autres ont des World Trade Center devant eux.

Dernier coup. Je vais pour partir quand une petite silhouette sombre rentre dans la salle. Pierre Berbizier, mon nouvel entraîneur… Il se faufile entre les joueurs, découvrant le costume de chacun. Il se rapproche dangereusement de notre table. Je commence à mouiller la couche. Je fais quoi ? Je rampe jusqu'à la sortie ? Avec mon faux ventre j'ai du mal à bouger. Vite, enlever les cadavres de bière devant moi, faire style que je suis concentré, ne pas montrer de faille. Il fait le tour de la table et se cale juste derrière moi… Ça y est, je vais me chier dessus. Ça fait trois mois que je m'entraîne comme un soldat, et me voilà encore blessé à m'enfiler des biboches avec les jeunes du Racing, alors que je devrais être couché les jambes en l'air et bras en croix pour récupérer de ma déchirure d'hier. Je sens sa main presser mon épaule… « Alors il gagne, le comédien ? » J'entends son rire derrière moi. Léger soulagement. Je peux à nouveau respirer et lâcher : « Ben je vais me refaire, t'inquiète, c'est qui le patron ? » Il me tape sur l'épaule, amusé, et se retire, digne. Je ne sais pas si j'ai vraiment marqué des points ce soir.

Deux semaines plus tard, le comédien n'a plus d'argent. Je ne suis plus intermittent, le RSA me pend au nez et je suis pété. Le président du Racing, Jacky Lorenzetti, me fait signer un contrat malgré ma troisième déchirure. Contrat « un an plus un an ». Je suis le trente-cinquième contrat pro du club. 5 000 euros par mois et voiture de fonction flambant neuve. Malgré déjà trois blessures, ils me font confiance. Je m'entraîne comme un fou mais je ne sais pas si mon corps va tenir.

Les ailes brûlées

Hiver 2007

Au milieu d'une déchirure, la quatrième je crois, un après-midi de décembre, je suis assis à une terrasse ensoleillée, il fait frisquet. Je suis aux côtés du journaliste Richard Escot, une bible sportive humaine. On parle. De temps en temps, on se voit juste pour le plaisir de discuter, d'échanger. Il me raconte son boulot, je lui parle de mon passé et d'un avenir très incertain. Il sait ce que je traverse depuis tout ce temps passé à Paris. Il connaît mon ascension fulgurante et la réalité d'un quotidien en dents de scie. Après un petit cul sec de chocolat trop chaud, il me raconte un bout de philo. Il me parle de l'être, du paraître. Il me cite des philosophes inconnus au bataillon. J'adore. Il a une manière de raconter qui attache et qui accroche. Il me conseille un bouquin. Il voit ma tronche au moment où il me tend le bout de papier avec les références et me tape sur l'épaule en se levant. « N'aie pas peur, ça va aller. » Je n'ai pas le temps de lui préciser que le dernier bouquin que j'ai lu remonte à mai 1997. C'était *Le Père Goriot*, pour le bac français. J'avais eu 7.

Cinq jours plus tard, j'engloutis *Apprendre à vivre* de Luc Ferry dans le train rouge et blanc qui me ramène chez mes parents pour Noël (plus de permis depuis quatre mois, laissez-moi tranquille). J'ai le cerveau retourné par toutes mes illusions qui se cassent la gueule à mesure que je découvre la philosophie. Pas le temps de tout mettre à plat, on se saute dans les bras avant d'attaquer le repas de fête. Comme d'habitude, je suis assis face au grand miroir de la salle à manger, au milieu de ma famille, et je fais marrer tout le monde. Comme d'habitude, je critique les desserts de ma mère. Il faut dire que je viens d'exploser la pelle à tarte contre ce qui paraît être une vraie bûche en bois nappée de chocolat. J'en rajoute des caisses. Tout le monde rigole. Je suis guignol au milieu de mon cocon. Je me rassieds et j'observe autour. J'entends résonner la voix de ma mère : « Ah tiens, Narcisse qui se regarde. » Pourquoi je fais tant de bruit ? Pourquoi j'ai tous ces muscles qui ne rentrent même pas dans la glace ? De quoi j'ai peur ? Quel rôle je joue ? Narcisse ? Je me cache derrière mes gesticulations bruyantes mais, ce soir, à ce moment précis, la machine s'enraye. Il y a quelque chose qui cloche. Mais je ne sais pas quoi. Je ne me sens pas à ma place. Je me sens trop grand, trop large, trop, trop, trop.

Après les cadeaux, les accolades et les remerciements, je monte dans ma chambre et m'affale sur mon lit. Mort. Et toujours ce cauchemar que je fais depuis plus de vingt ans. À chaque retour aux sources pour les fêtes et les anniversaires, j'ai les ailes brûlées, cramées, en sang. Elles repoussent au moment où je m'endors et puis je me retrouve, nu, au milieu de mon jardin. Un enfant. Autour de moi, les arbres poussent d'un coup mais je ne grandis pas. Les saisons passent, les feuilles tombent, la neige apparaît et fond. J'ai froid mais je ne grandis pas. Le marronnier prend de l'ampleur, mes sœurs deviennent des femmes, mon père vieillit, ma mère tricote et moi je reste statique à mesure que les saisons s'enchaînent. Je m'envole parfois au-dessus de la maison mais je me cogne aux parois invisibles qui cloisonnent mon cocon. Je tombe, je me fais mal et, à chaque chute, je grandis un peu. Un moment d'inattention et je reviens au point de départ, au milieu du jardin. Chaque année, mes ailes grandissent mais je n'arrive pas à quitter ce nid qui devient trop étroit. Mes vols sont de plus en plus longs mais j'éprouve toujours cette sensation qui me retient chez les miens. Je me frappe la tête contre des murs venteux et je tombe toujours à l'intérieur de la propriété. Les chutes sont plus violentes et plus lentes. J'accélère, je dévie de ma trajectoire, je cherche une issue mais tout est cloisonné. Les grillages immenses m'empêchent de me sauver. Plus je monte et plus j'ai le vertige. Je perds connaissance et je tombe. Mes muscles pètent, mes os se broient avant l'impact, avant que je me fracasse, toujours au milieu du jardin. Je me réveille au bord du lit, en position fœtale, à Paris ou ici. Ça me fait peur.

Le corps qui gueule

Avril 2008

Ça y est. Je suis dans le groupe des vingt-deux pour ce week-end. Sept mois après le début de la saison, sept déchirures plus tard, pas un match joué, je suis enfin annoncé titulaire ce week-end. Contre Blagnac, la lanterne rouge du Championnat. À l'entraînement, le jeudi avant le match, je freine d'un coup sec pour aller me replacer de l'autre côté du terrain mais mon pied se bloque et mon bassin passe au-dessus de ma jambe. Je tente au dernier moment de retenir ma hanche qui se dérobe en forçant, mais rien n'y fait. Un coup d'électricité suivi d'une lame de couteau me transpercent la hanche. Un muscle vient de péter. Je ne dis rien et je serre les dents mais me voilà à cinquante pour cent et je ne peux plus arquer. Je préfère sortir la tête basse sous le regard étonné de mes coéquipiers. L'entraîneur arrête l'action et me demande ce qui se passe mais je ne peux pas répondre. Je préfère ne rien dire et tendre le pouce en l'air pour le rassurer. Je quitte le terrain et me retrouve seul, une fois de plus, dans les vestiaires. Je ne suis pas triste, juste dégoûté par ce corps qui n'en peut plus de charger et qui vient de me faire comprendre pour la huitième fois cette année qu'il ne veut plus souffrir. Déchirure du quadriceps, trois semaines d'arrêt minimum.

Pendant toutes ces années j'ai eu l'impression d'avoir traversé tous les déserts et toutes les mers du monde, en solitaire chaque fois avec comme seule escale un match ou deux à jouer avant de repartir affronter les déferlantes des séances de rééducation. Je jette l'éponge à présent. J'ai l'impression d'avoir tout tenté depuis dix mois, à vouloir prouver que j'étais capable d'être une fois de plus le meilleur physiquement, d'être à la hauteur, d'être performant. D'être grand… Je me suis grillé tout seul cette fois. Ils m'ont laissé du temps pour revenir et je me suis mis la pression tout seul. Et qui dit pression chez moi dit échec, cela va de soi. J'ai tout fait pour revenir, je me suis donné pour leur prouver que je pouvais, que j'étais le plus affûté, toujours aussi gaillard qu'avant sous les barres de fonte. Je me suis entraîné comme un malade pour être le plus fort sur le terrain et, chaque fois que j'ai foulé la pelouse, mes muscles se fragilisaient et se déchiraient comme des petits bouts de papier. Je voulais prouver à ceux qui m'avaient fait confiance que j'étais capable de rejouer et d'être aussi fort qu'à mes débuts mais je ne pouvais plus. Mon corps m'a gueulé dessus, il n'était plus capable, ce sport n'est définitivement pas fait pour moi. Il est trop tard… Je prends conscience alors que mon divorce avec le rugby, entamé le 11 juin 2005, m'enlève la garde de l'enfant qui est en moi. Dernière douche dans un vestiaire, dernière petite collation d'après entraînement mais je ne peux plus rien avaler aujourd'hui.

Je quitte le vestiaire. Je monte dans la voiture toute neuve prêtée par le club et je fonce sur la N20 pour rentrer chez moi et ne plus en sortir. Je prends un Léxomil, deux Myolastan et je me réveillerai demain vers midi pour tenter d'analyser tout ça. Je m'endors plein de douleur à l'âme, plein de souvenirs dans la tête. Je rêve du dernier match que je ne jouerai jamais où je marque à la dernière minute pour délivrer mon équipe. Je rêve de la passe que je fais, qui fend l'air sous le regard ébahi de milliers de spectateurs et qui envoie mon pote Luc marquer sous les poteaux. Je rêve que je passe ce putain de drop et qu'on gagne, mes potes beauvaisiens et moi, ce quart de finale en benjamins. Je rêve comme un gosse que je joue une finale au Stade de France… mais je me réveille toujours avant le début du match, en sueur, en costard et mal en point.

Quelques semaines plus tard, le Racing joue la finale de Pro D2 contre Mont-de-Marsan. Je n'ai pas eu assez de temps pour me rétablir de ma huitième déchirure de l'année. C'est ma septième finale en spectateur. En plein cagnard dans les tribunes, je sue à grosses gouttes, engoncé dans mon blazer à l'écusson bleu et blanc, cette fois. Je stresse comme un gosse. Les gars perdent. Comme il y a trois ans, lors de ma dernière.

À peine quarante-huit heures plus tard je deviens spectateur d'un théâtre dont je me serais bien passé. La plupart des cadres, les Auradou, Dieudé et autres fortes personnalités, sont remerciés à grands coups de chèque. Même si ton contrat n'est pas terminé, on te paye pour que tu vides ton casier et que tu dégages. T'es pas un bon soldat. Ça pue l'oseille à gogo, la fierté. Je ne peux rien dire car j'ai pas joué un match de l'année. Et puis ils ont été plutôt bonnards avec moi. Je ne moufte pas. Tapi dans mon coin, outré par l'attitude de l'encadrement, je me dis qu'il est temps que tout ça se termine.

La fin des illusions

Juin 2008

Quatre clopes avant de rentrer dans le vestiaire. Je connais déjà un peu l'équipe. Je m'entraînais souvent avec eux pendant la saison. L'équipe espoirs. Des gamins de vingt balais, des types extra avec qui j'ai l'impression de revivre. Le déplacement se passe comme à Beauvais, comme en benjamins, comme au Stade Français. Les petits cons au fond du bus. J'en fais partie. Mais je sais que c'est la dernière.

Je jouerai donc mon dernier match à Grenoble. Il n'y a pas la télé cette fois. On est programmés sur un stade annexe, à côté de celui des pros. Avec moi une génération qui joue son dernier match ensemble. Professionnalisme oblige. Pour la plupart, les illusions du rugby pro tombent. Pour moi aussi d'ailleurs, mais j'ai dix ans de plus qu'eux.

Après dix minutes de jeu, deux ou trois muscles pètent d'un coup le long de ma jambe droite. Un troupeau de mecs me fonce dessus. J'ai la balle en main. Je marche en touche avec. Pour la première fois de ma carrière, je m'échappe. C'est fini pour de vrai.

— Hé, Poulain ! Si t'avais pas autant picolé, t'aurais pu faire carrière !

La voix d'un spectateur me raccompagne dans le tunnel creusé sous la tribune. Comme si j'avais un zinc collé au coude et une bouteille de rhum accrochée dans mon dos… Je pourrais me retourner, finir tout ça en beauté en lui collant une beigne. Il me crache à la gueule sans rien savoir de moi. Ce serait trop facile et je n'en ai même pas envie.

Je rentre seul au vestiaire mais je ne m'éternise pas. Je ne veux pas louper la fin du match. Je m'accoutre d'une chemise de bûcheron et d'un pantalon râpé. Je sors à moitié défroqué la bière à la main. Je m'assois en tribune. Un type s'installe à côté de moi. Je reconnais le numéro 10 adverse, lui aussi sorti sur blessure. C'est Max Suarez. Un vieux de la vieille du FC Grenoble contre qui j'avais déjà joué en pro il y a un bon moment. On trinque avec respect. Il me dit : « Tu finis ta carrière aujourd'hui, alors ? — Oui, c'est décidé. — Tu te souviens quand même que c'est à Grenoble que tu t'es fait connaître il y a dix ans… tu t'en souviens ? » Et comment que je m'en souviens… Les chicken wings, Bernard Laporte, les jambes de feu, la Boulette, la dédicace… On se marre bien, on est comme deux vieux cons, Max et moi, à ressasser le passé, à refaire le rugby. À présent, tout ça c'est fini. Même les espoirs et leurs gabarits transformés par la muscu sont plus gaillards que nous. Les chocs sont plus violents. Il est temps d'arrêter le massacre. Max conclut : « C'est notre jubilé. »

À la fin du match de faux jeune espoir de 28 balais, les vrais minots viennent vers moi. « C'était un honneur de jouer avec toi. » Les langues se délient. On a gagné aujourd'hui, tiens. Intimidé, je me cache derrière ma chemise pourrie et je balance une blague pour désamorcer le trop-plein d'éloges. J'ai tout donné je crois bien. Ce soir il y a des bonnes bières, des cons dans le bon sens du terme, des leaders, des suiveurs, des guignols, des petits teigneux et des grands benêts, des gros gaillards et les ailiers fluets. Il y a de toutes les couleurs. Ils ont vingt balais et ils se prennent pour des hommes à grands coups de boule avec toujours ces glaçons au milieu comme pour se marquer le front pour la vie. Je ne joue pas ce soir mais je frotte mon front et sens sous mes doigts les microcicatrices laissées dix ans plus tôt par mes amis Reichel. On avait le même âge, on était aussi cons voire un peu plus. Comme eux on bousculait les jeunes étudiants dans le bar du quartier. Qui aurait pu nous faire chier ? Qui peut les faire chier ce soir ? Je quitte la rue de la soif vers 4 heures du matin. Je marche vers chez moi mon sac de sport à la main et ma chemise de bûcheron à moitié déchirée. Dans ma besace, mes crampons ne sont même pas salis, mon maillot est à peine trempé. J'ai gardé les chaussettes. J'ai laissé le short qui me boudinait un peu au milieu du vestiaire. Putain que c'était bon. Même huit minutes. C'était vraiment chouette. J'ai un peu mal au front…

Devenir moi

Été 2008

Elle monte dans sa voiture, allume ses phares et pousse un cri de terreur. J'ai surgi devant elle, les mains sur les hanches, bombant le torse comme un héros prêt à broyer son capot. Elle ne se doutait de rien, la brebis. Après une soirée provençale amicale et bien arrosée, je ne pouvais me contenter d'un bisou d'adieu. Alors j'ai suivi cette petite brune, planqué dans les fourrés du domaine de La Malgue, propriété familiale où j'aime me ressourcer.

Je contourne le carrosse et me place à hauteur de sa fenêtre qu'elle entrouvre, apeurée. Je lui propose de rester dormir ici car la maison a une pluie de chambres et que surtout ça me ferait plaisir. Je pavane en lui glissant quelques mots doux mais rien n'y fait. Elle refuse en prétextant un mal de crâne. Elle me regarde et me lâche un « demain peut-être » plein de malice. Puis elle remonte délicatement sa fenêtre et démarre sa caisse avant de sortir, temporairement, de ma vie.

À 3 heures du matin, le lendemain, je suis en slip Superman, elle est en petite robe d'été. On fume quelques pétards en se racontant nos vies, nos passés, un verre de rouge à la main, à la lueur d'un chandelier.

Elle est venue après son service, je le savais et, pour la première fois depuis mon dépucelage quatorze ans plus tôt, je ressens cette sensation d'excitation mêlée de pression, de tension. Je me sens bien. Il fait chaud. Les étoiles nous éclairent. On sait très bien, au fond, ce qui va se passer bientôt, mais on se laisse porter par les histoires de l'autre. Me voilà parti, en super héros sur un balcon, dans un monologue qui durera la nuit entière. Je lui raconte d'où je viens. Je lui dis que je ne sais pas où je vais. Je suis un bâtard du temps qui passe. Un jeune vieux tout plein de cicatrices.

Elle s'appelle Julie. Elle a les cheveux noirs et les yeux qui brillent. Belle comme une Corse-Espagnole (et chiante comme une Corse-Espagnole). Elle a été championne de gym et de boxe, aussi. Elle a grandi la tête dans ses bouquins, sa philosophie et ses cabanes imaginaires. Elle peint sur les murs et fait du droit sans aimer ça. Elle me raconte sa vie et ses embûches. Elle est pleine de cicatrices elle aussi et elle sent comme moi la peur de rentrer dans un moule trop étroit. On crache notre haine du monde en clopant comme des barges. Elle boit mes paroles et encaisse mes blessures. Appendicite, bras de fer, bastons, gamelles, tout y passe.

Je ne la ménage pas. Je ne la lâche pas. Ça va durer pendant deux mois. Elle n'a pas peur. Je crois que, comme moi, elle ne se rend pas compte des dommages laissés par les excès. Pas le temps d'essayer de comprendre, il fait beau, il fait chaud, ça picole et ça crie, ça pleure et ça rigole. Faut que je lui plaise. Elle me rencontre au plus mauvais moment. Celui où je vomis ma nostalgie. Désolé car tu vas subir ce que je n'ai su maîtriser : mon passé.

Elle sait tout de moi et pourtant je ne me connais pas. Je ne peux pas la protéger. Je lui ai tout dit de ce que je suis et je me sens vide à présent. C'en est trop, il faut que je bouge. J'avance mes billets de train. Je partirai ce soir, c'est décidé. J'abandonne ma chérie, persuadé que c'est mieux comme ça. Après tout, ce n'était qu'un amour d'été.

La saison de trop

Saison 2008-2009

Entraînement

Je suis un programme immuable. Chaque jour : réveil entre midi et 14 heures. Poisson, pâtes. Trois heures de sport à l'Aquaboulevard : vélo, Rotex, cardio, stepper, musculation. Toujours plus. Quelques serrages de paluches aux bodybuilders remplis de produits et gonflés à l'hélium. J'ai pas un pote avec qui cavaler alors je me crée ma petite histoire. Sur le tapis roulant, je me cale toujours sur mon voisin et je rajoute 2 km/h de plus, histoire de lui montrer qui est le patron. Aucune faiblesse ne doit dégouliner. Une demi-heure de sauna et dix minutes de hammam, histoire de m'achever. Retour à moto, j'habite à deux pas. Arrêt au loueur de DVD sur le chemin. Trois avocats et deux endives pour le repas nocturne, entre deux films. Je peux louer quatre fois le même navet sans faire attention.

Entraînement à domicile

Mon canapé est mon radeau. Capitaine au long cours, toujours à la dérive, je lâche des tempêtes de larmes. À bâbord, sur mon écran plat taille géante, je vois la recherche de la perfection. Des gros seins, des gros cons, des grosses pubs. À tribord, la pointe de la tour Eiffel me nargue à travers la baie vitrée. Le soir, à 18 heures, j'observe le ballet des gens tous pareils qui rentrent du boulot. Perdu, je les croise, à contre-courant, lorsque je brave les éléments extérieurs pour assurer mon ravitaillement au supermarché du coin. Je marche sur les lignes blanches. J'ai peur du métro. Je ne veux toucher personne.

La saison de trop, c'est comme après une cuite. C'est pas le lendemain que tu accuses le coup, mais deux jours plus tard, quand il n'y a plus d'alcool dans le sang mais seulement la fatigue et assez de lucidité pour se dire : quel gâchis. La saison la plus dure, c'est pas la dernière, c'est celle qui suit. Quand tout a disparu. Quand il ne te reste que ton cadavre vivant, tes cicatrices, et de vagues souvenirs qui s'emmêlent. Comme en sortant d'un empiffrage ou d'une branlette. La culpabilité de devenir con. Le masque tombe. L'euphorie a disparu, le rythme n'est plus là. Il n'y a plus de course.

Je passe mes week-ends à regarder des matches. J'ai toutes les chaînes de sport et au moins un copain dans chaque équipe. Il y a de l'envie, de la jalousie, de la rancœur aussi. Pour moi, tout ça c'est fini. Je vis les matches dans mes coussins. La violence des chocs m'effraie. Je reconnais les stades. Chez moi, à Jean-Bouin. Montauban, la cuvette de Sapiac…

Depuis le fond de mon canapé, j'assiste à des moments historiques. Comme cette victoire de Kelly Kulick, 32 ans, championne de bowling américaine qui dès le début a pris le dessus sur Chris Barnes avec une pluie de strikes. Une femme championne ! Youpi. Après cinquante ans de domination masculine. Allez, Kelly ! Ce soir, il y a du water-polo, un documentaire sur les hippopotames, et demain matin c'est Cuisine TV, en attendant Question maison et comment planter un clou. Je m'instruis.

Test

La salle d'attente d'un casting pour un soda light très connu. Les types font la taille de ma cuisse. Je suis accompagné d'une amie comédienne, Claire, qui elle non plus ne rentre pas dans le moule taille squelette. Nous pénétrons quand même dans la pièce caméra, à l'appel de nos noms. Voilà le scénario : on doit s'emballer fougueusement, comme en apesanteur, au milieu d'un décor de papier anthracite, avec en fond une musique langoureuse, face à une directrice de casting à moustache au corps en forme d'œuf. Y a plus glamour pour se concentrer. Heureusement que ma comparse italienne est un bloc sulfureux et pulpeux. La prise de vues est une catastrophe. On ne rentre pas dans le cadre, la pièce n'est pas assez profonde pour qu'on nous voie entiers dans l'objectif. Suivants !

La même salle, trois semaines plus tard. Un casting pour une marque de jeans cette fois.

— Raphael Poularde ?

— Non, Poulain, madame… Euh, je suis déjà venu il y a trois semaines pour…

— Oui, c'est bien, c'est bien. Vous entrez, vous mettez le jean qui est posé sur le tabouret. J'arrive.

Je me désape et entreprends d'infiltrer mon mollet dans la jambe du futal. Mais le muscle refuse de se faufiler. Ça coince au niveau du passage de la cuisse. Sois normal ou casse-toi ? Je préfère prendre la tangente sans attendre de savoir s'ils ont ma taille en stock. J'annule aussitôt l'audition jambon cuit ainsi que mon rendez-vous fromage de chèvre.

Match

Il est 17 h 30. Mer d'huile autour du radeau. Je suis occupé avec la télécommande quand Jérôme m'appelle, affolé. « J'ai deux places en loge pour aller voir Stade Français-Stade Toulousain, au Stade de France. Ça te dit de venir avec moi ? » Jérôme passe me chercher une demi-heure plus tard dans sa nouvelle voiture aux couleurs du Racing. En route vers le show, les paillettes et le rose de notre nostalgie. On se gare au parking VIP. Ça fait bizarre, j'ai plus l'habitude. Je me suis costardisé pour l'occasion, on ne sait jamais, si Scorsese ou Luc Besson sont invités. On croise des supporters en montant les escaliers qui mènent à la loge. La plupart reconnaissent Jérôme et lui demandent un autographe.

Nous pénétrons dans la loge, où gravitent sponsors, gens chic et pique-assiettes. Planté devant une pyramide de minisandwichs, je repère la tête de faisan d'un représentant d'une marque de sport dont je connais le répondeur téléphonique par cœur. Il y a trois ans, ce vieux beau me mangeait dans la main. Il m'avait alpagué, au sortir d'une représentation de *Marie Stuart*, pour me filer des fringues, histoire que je porte haut les couleurs de leur marque centenaire. J'ai fait la découverte de leur moelleux showroom, des assistantes aux petits soins. J'avoue que le café qu'ils servaient était meilleur que le petit noir de Balard. J'y ai pris goût. J'en suis ressorti avec quatre sacs de fringues. Plus de 2 000 euros. C'était comme avec le Stade Français : plus t'es connu et moins tu paies. Dans la foulée, je leur avais présenté Régis Wargnier, et le petit Jérôme, à qui ils font encore la cour. Depuis que mon actualité s'est transformée en immobilité, le faisan versaillais fait tout pour m'ignorer. L'hiver approchant, j'ai récemment pensé que quelques laines ne seraient pas superflues. J'ai rappelé le showroom. Personne au bout du fil. J'ai alors insisté, laissant une ribambelle de messages sur le répondeur de cet avorton qui, à trois mètres de moi, gigote entre trois balèzes supersapés.

Profitant de mon invisibilité, je me jette en force sur les petits fours. Ils ne savent pas que j'ai rien mangé depuis deux jours, ça sera ma vengeance. Je leur flingue les plateaux, me filant en même temps quelques flûtes de champagne dans le cornet, histoire de digérer la pilule. Le type du répondeur m'a repéré et me fuit à mesure que le match avance. À la mi-temps, alors que je me dirige doucement vers lui, il se planque derrière les sushis. J'avance un peu plus. Il se faufile derrière un canapé, comme un orvet. Je ne suis plus qu'à deux mètres de lui quand mon acolyte aux tibias tronçonnés me hèle à travers la loge. Petit Fillol remue un prospectus plastifié. « Hé, Mila, regarde dans le programme du match : t'es en photo à la sortie des vestiaires de Jean-Bouin ! » Un bref silence. Je bombe le torse intérieurement, je sais déjà ce qui va se passer dans moins d'une seconde. Pas manqué : la vipère que j'avais prise en chasse attrape un programme, le feuillette, trouve ma photo et me regarde enfin. Face à face avec tête de faisan, soudain tout miel : « Raphaël, j'ai bien eu tes messages, ne t'inquiète pas, j'allais te rappeler mais on avait pas mal de boulot… Tu viens quand tu veux au showroom et tu prends ce que tu veux. » Je le regarde avec ma tête de con et lui dis : « Avec plaisir. » Je vais les dévaliser.

On m'annonce une balade nocturne au Salon de l'agriculture. Quelques années plus tôt, j'y avais dérobé Claude, mon mouflon empaillé, mon compagnon de vie qui trône dans l'entrée de l'appartement. La brume de mon cerveau se dissipe. Des bulles de champagne y crépitent. Comme un scribe sous acide, je prends place à mon bureau, feuillette ma collection de cartes de visite et sélectionne un petit bristol blanc frappé des couleurs de la région picarde. Pascale Noyers de Saint-Martin est déléguée de l'office du tourisme. Mes mains se mettent à pianoter comme des folles sur le clavier de mon ordinateur. Je suis Pascale. Et j'ai besoin d'un cheval. Je date la missive du jour de la rapine, en haut à droite. L'objet est explicite : « rapatriement express d'un cheval en vue d'un tournage en terre picarde ».

Madame, monsieur,

En vue d'un tournage cinématographique en terre picarde, nous avons pour obligation de rapatrier l'animal factice en démonstration sur votre stand. Celui-ci est attendu impérativement demain matin à 10 heures pour le début du tournage avec Jean Rochefort et Mimie Mathy. Cette lettre permet à son détenteur de passer la sécurité du salon, la police, les péages et toute autre barrière de sécurité pouvant empêcher le bon déroulement de l'opération. Veuillez trouver ci-joint ma carte de visite, ainsi que celle de la personne en charge du rapatriement.

Signé : *Pascale Noyers de Saint-Martin.*

J'agrafe le tout et glisse le mot dans ma poche. Je troque mon jogging mou de capitaine de canapé pour un jean et tee-shirt plus appropriés au monde extérieur, aussi sauvage soit-il.

Les couloirs défilent et la campagne avec. Au détour d'une moquette feuillue, sur le stand Poitou-Charentes, je tombe nez à nez avec un cheval noir magnifique en plastique verni, un pur-sang, avec un gamin dessus et ses parents qui le prennent en photo. « Écoutez, je dois prendre l'animal. » Je descends le gamin sans sommation. Ses géniteurs sont livides. « Je dois capturer ce bétail. » J'empoigne la tête et Thomas Glavany, dit « ma noix », soulève la croupe. L'équipe à huit pattes crapahute vers la grille grande ouverte du hall 3. Encore quelques mètres et j'aurai libéré mon pur-sang. Il s'appellera Dominique.

Apparaît le chef de la sécurité. Crâne rasé, talkie-walkie qui crachote, je sens qu'il va se laisser embobiner, celui-ci. Je pose l'animal et sors la lettre. Il la lit. Ses yeux s'éclairent. « J'adore Jean Rochefort, et en plus il adore l'équitation. » Je le remercie. « Allez-y. » Après quelques mètres en titubant, à l'arrière du Parc des expositions, nous planquons le cheval dans un parking désaffecté et revenons sur nos pas.

Le stand du Béarn tient à sa réputation. Nous aussi. À coups de grandes claques de manzana, l'être humain s'animalise. À 1 h 30 du matin, je quitte les lieux et pars seul retrouver ma monture factice.

Je remonte le long des boulevards des maréchaux avec le canasson en plastique sur le dos. Dominique se prend des branches d'arbres dans les oreilles, mais il se laisse porter sans hennir. Un voisin passe par là et m'aide à monter l'animal sur mon palier. « Merci beaucoup, à bientôt. » Je dépose Dominique dans le salon, la croupe vers la télévision. Claude mon mouflon a l'air ravi de ce nouveau colocataire. On va être bien tous les trois à la maison.

Un hôpital. Ça faisait longtemps. Des ambulances, toujours. Une jeune femme m'accueille à bras ouverts. « Bienvenue, Raphaël, on n'attendait plus que toi. » Des perfusions, des drains, des masques, le bip-bip des oscilloscopes et plein de bonshommes en blanc. Ça fait mal de voir ça une fois de plus. Mais là, faut ravaler ses souvenirs et lâcher les sourires. J'entends les cris à mesure que les dessins défilent sur les murs des couloirs de l'hôpital Necker. Il y a des jouets oubliés sur le sol. J'entre dans une grande salle pleine de lits et de fauteuils roulants. Il y a des adultes en blouse verte et des enfants partout. Des petits Noirs, des petits Chinois, des petits Blancs, des petits Beurs bien accrochés aux mains de leurs parents. Certains gosses sont sous oxygène. D'autres ont le crâne rasé. Ils ont tous des billes comme des soucoupes. Ils admirent un groupe de papas Noël qui se trémoussent sur une scène aménagée au fond de la pièce. J'ajuste un tee-shirt floqué du sigle « un maillot pour la vie ». Affublé d'une fausse barbe et d'un bonnet rouge et blanc, je rejoins quelques stars du sport français réunies pour ce Noël bien particulier. Maud Fontenoy navigatrice, Mickael Landreau footballeur, deux basketteurs, quelques handballeurs, Bibi Auradou et moi, chômeur sorti tout droit de mon canapé. Chassez l'intrus ! Mais je m'en fous et les gosses aussi. Ils veulent du rêve, des sourires et de la couleur dans leur quotidien. Ils s'en foutent de savoir si c'est Zizou ou un joueur de troisième série qui fait des coucous au fond à droite sur l'estrade. Ça me fait du bien à moi aussi d'être ici, d'être utile. On déconne, on répond aux questions des enfants, on joue avec eux à des jeux collectifs avec des balles en mousse et des déguisements. Je finis en travelo, perruque sur la tête et jupe en paille autour de la taille. Je redeviens un gosse à regarder grand Bibi se déguiser à son tour. Les enfants sont aux anges devant ces deux danseuses barbues qui font des arabesques. On passe ensuite au petit goûter, avec distribution d'autographes et de bristols dédicacés. Je suis venu avec un bloc de photos de quand j'avais 20 balais. J'ai pris un bon coup de vieux, dis donc. L'après-midi se termine par un voyage dans les étages. Je n'ai pas voulu regarder le nom du service en passant les portes. On s'arrête dans chaque chambre. Certains enfants sont sous assistance respiratoire, d'autres enfermés dans des énormes bulles de plastique et nous regardent comme si nous étions des extraterrestres. On fait des photos avec ceux qui le peuvent et on laisse quelques mots, quelques regards et quelques gestes à ceux qui ne peuvent ni bouger ni s'exprimer. Il faut du mental pour ne rien laisser transparaître. Pas de faiblesse. Nous sommes leurs héros aujourd'hui. Quelques bises aux infirmières, quelques mains serrées aux chirurgiens, quelques dédicaces aux éducateurs spécialisés. Les vrais héros du quotidien face aux héros sportifs éphémères. C'était une belle journée.

Flippé du temps qui passe

Hiver 2008

J'en suis à ma deuxième assiette de breakfast et je n'en finis pas de saucer. Je me suis foutu du jaune d'œuf plein la barbe. Au fond de l'espace fast-food d'un ferry, quelque part entre la France et l'Angleterre, une boule de muscle tatouée de part en part me fixe, le regard violent. Nom de Dieu qu'il est laid et tout trapu celui-là ! Je le dévisage un instant. Aucun intérêt à se frotter à lui. Je n'ai plus l'âge de ces conneries, à savoir qui tiendra le plus le regard et qui se lèvera le premier pour défoncer l'autre. J'ai déjà donné, merci. Je baisse la garde et me tourne vers un grand type moustachu au visage buriné par la vie, la clope et l'alcool. Ce long bonhomme me fait penser à un deuxième ligne abandonné, ballotté par le tango des vagues. Trois types sont accoudés au distributeur de mayonnaise. Une troisième ligne complète. Ils se moquent d'un jeune garçon efféminé qui se recoiffe en se regardant dans un petit miroir en plastique, sorti de son sac à main gigantesque. Je suis entouré d'une équipe de vieux routiers. Je me sens seul comme un ailier délaissé sur son bord de touche un jour de match pluvieux. J'attends en vain la balle qui ne viendra jamais.

Je quitte le restaurant, effrayé par toutes ces têtes fripées. Je sors sur le pont du bateau. J'observe la mer et la brume. Tout est brouillard, en moi et autour.

C'est le déménagement de mon ami Luc aujourd'hui. Il a lui aussi décidé de tout plaquer et de partir avec femme, enfant et balluchon pour aller poursuivre sa vie à Nouméa… Vingt ans d'amitié et on en arrive au même point. Pas tout à fait, à vrai dire. Il est dentiste, je suis chômeur. Il a une femme depuis dix ans et moi je suis l'amoureux intermittent de Julie depuis six mois. Il a un enfant et j'en suis encore un. Mais sinon on se ressemble pas mal, je crois bien. À 28 ans, on a encore tous les deux nos rêves de gosse. Lui était dentiste en Angleterre. Pas carriériste, il préfère partir à l'aventure plutôt que de finir dans un 4 × 4 racé et une maison victorienne gagnée en détartrant les Londoniens à tour de bras. Un peu comme moi, qui, trois ans plus tôt, mettais un terme prématuré à ma carrière après le Stade Français, en refusant les avances de Montferrand et Perpignan, et leurs 15 000 euros par mois.

Deux potes qui déménagent leurs vies. Je nous revois à La Malgue au milieu des champs. À grands coups d'accélérateur, chacun sa moto, on traversait le temps. Pendant une semaine, on a vu des moutons volants au sortir d'un virage, on a bouffé nos vies et celle de Louis XIV aussi. On faisait un exposé pour M. Gargogne, notre prof d'histoire préféré. On a voyagé d'Afrique du Sud en Australie, d'Océanie en Nouvelle-Calédonie sur nos motos, et tout ça sans avoir à quitter les chemins de la propriété. On s'est rencontrés au rugby à 7 ans, et notre amitié était déjà comme une évidence. Sa mère croyait qu'on était homos à 14 piges parce qu'on faisait tout ensemble. Ça aurait pu. Les premiers patins qu'on a roulés, c'était le même mercredi après-midi, dans la même salle de cinéma, côte à côte, devant *Sister Act*, mais chacun bras dessus bras dessous avec une Pascale différente. Après, avec sa tête d'Anglais, il a eu le bac avec mention, sans se poser de questions. Il a toujours été plus mature que moi et plus doué pour les études. On ne s'est jamais séparés bien longtemps, même quand j'ai signé au Stade Français. Grâce à lui et à Thérèse, qu'on avait rencontrée autour d'un baby-foot, j'ai pu vivre une vie d'étudiant par procuration, même lorsqu'il est parti à Montpellier, à 19 ans.

— La Nouvelle-Calédonie c'est là où tu vas t'installer alors, mon ami ? — Yes, et tu viendras nous voir, hein ?

Je lui promets que je viendrai le plus vite possible, sans trop y croire.

Un peu plus tard dans l'après-midi, sur l'autoroute, nous traversons les monts d'Auvergne. Au-dehors, il fait moins de zéro. La voiture est pleine et la carriole engorgée de meubles et d'affaires. Je suis au volant. Je dépasse les 110, 120, je peux faire mieux, 130, je peux pousser jusqu'à 140. J'ai le cœur qui s'emballe et les jambes qui tremblent. Une nuée de flocons cinglent le pare-brise avant de disparaître au-dessus de l'Espace. La remorque accrochée à notre cul tangue de plus en plus fort, manquant à chaque virage de nous emporter dans les entrailles d'un volcan auvergnat. Luc, le museau collé au *Midi olympique*, me fait la lecture d'un article sur le Stade Français sans se rendre compte qu'à chaque ligne la voiture accélère de quelques km/h sur une route enneigée, verglacée, donc mortelle.

J'écrase un peu plus l'accélérateur, dépassant la barre des 160. Je me revois en salle de musculation, soulevant les 160 kilos d'une barre de développé couché. Deux jours plus tard mon bras pétait comme du verre à cause de ce putain de bras de fer. Coup de frein brutal. Un camion vient de déboîter en sortant d'une aire de repos. J'ai le palpitant qui s'emballe alors que mon copilote me narre les conclusions de l'affaire Cécillon. L'ancien capitaine de Bourgoin a pris quatorze ans pour avoir assassiné sa femme. Le verdict est tombé. Je peux imaginer sa détresse, pour avoir baigné comme lui dans ce monde où les sensibilités sont à fleur de peau, où le contact humain, fraternel, quotidien, devient une drogue dont il est presque impossible de se détacher. Toujours au volant, je ferme les yeux un instant. Je suis seul dans une pièce noire, éclairé par une simple lumière au-dessus de ma tête. Une arme est accrochée à ma main droite, squelettique et dépecée. Dans la gauche toute musclée, pleine de veines et de haine, un ballon. Celui-ci disparaît doucement pendant que l'arme s'ajuste sur ma tempe sans que je puisse rien y faire. Mon doigt appuie sur la détente et je m'écroule. Tout devient blanc. J'ouvre les yeux et donne un coup d'essuie-glace pour racler la neige accumulée sur le pare-brise. La lumière du soleil m'aveugle. Je décélère en douceur pour ne pas faire d'embardée, je sors de la route et emprunte un petit chemin cabossé. Je stoppe le véhicule d'un coup de frein à main. Je regarde Luc qui lève enfin la tête. Je le prends dans mes bras et le serre fort contre moi. Il m'enlace sans rien dire.

Dix ans après

Juin 2009

Au chômage, en fin de droit, tu es au « revenu de solidarité active », RSA. 400 euros par mois alors que t'en prenais quinze fois plus un an plus tôt. T'ouvres même pas tes factures par peur que tes excès te pètent à la tronche. T'as un crédit sur dix ans, t'es à découvert de 16 000 euros. C'est rien, pour un rugbyman professionnel, 800 euros par mois pour un 70 m^2. Mais tu n'es plus rugbyman et les 800 euros tu ne les as pas. Fini le temps où tu claquais à tout-va sans connaître la valeur de l'argent. Le temps où tu avais trois cartes bleues dont deux couleur or, et quatre carnets de chèques. Alors t'emmerdes les inconnus qui te reconnaissent dans la rue et qui te regardent en souriant, avec tes sacs hard discount et ton jogging troué. Ça arrive à tout le monde, même à ceux qu'on croit plus forts.

Et puis, un jour, une date qui électrocute un petit quotidien trop bien huilé. C'était il y a dix ans, le 16 mai 1999, à Niort, sous une chaleur à crever. Dix piges. Ça se fête. Tous les cons sont là. La pisse dans les lentilles, les strings dans la coupe. Je regarde à travers la baie vitrée en me préparant au grand retour. Je stresse un peu. J'ai pas revu certains gonzes depuis des années.

Beaucoup ont dû se marier, d'autres doivent avoir une pluie de mioches.

La brasserie de Momo Blin nous réceptionne en bon capitaine. Tout le monde est déjà bien cramé. Pas le temps de dire bonjour que je dois m'enfiler une pinte de pastis cul sec. Ça me rappelle des souvenirs, ainsi qu'à mon estomac. La machine se rallume à grands coups d'embrassades. Quelques heures plus tard, bien calé dans notre QG d'antan, le bien-nommé Pousse-au-crime, on retrouve Dudu l'entraîneur – dit Dodu – et les propriétaires du lieu, Lolo et Titine. On se chiale dans les bras à moitié bourrés. Chacun retrouve sa place. Les chieurs redeviennent chiants, les plus discrets sont toujours aussi peu causants et les grandes gueules redeviennent des grandes gueules. Il y a des ruinés, des barbus, des darons, des riches, des connus et des anonymes. On ressasse les moments qui manquent. Putain que ça fait du bien quand, à 7 heures du matin dans le métro, on se titille, on se bouscule, on se chamaille comme au premier jour… Il faut qu'on se le refasse l'année prochaine, se dit-on au moment où les portes du métro se referment. À l'amitié !

Ça pullule

Juillet 2009

Pourquoi font-ils toujours la messe au moment où on serait mieux en plein air à bouffer des huîtres ? Mission du jour : bien se tenir, ne pas faire de vagues. Féliciter les mariés avec joie et envie. Ne pas grogner, ne pas maugréer. Et arriver au repas pas bourré.

L'église est pleine à craquer. Ils sont tous bien peignés, enguirlandés, catholisés pour les noces du cousin d'un cousin bien éloigné. Des faux-semblants, des mains jointes, des prières chantées sans foi, des sourires qui veulent rien dire accrochés à des visages apprêtés. Je te foutrais tout ça à poil et en avant la partouze… Pas de mauvaises pensées, Raphaël, respire. Pardon, mon père. Promis, je scanderai avant de m'endormir trois « Je vous salue Paris » et deux « Ave Marie Georgette ».

À la sortie du cirque, je tombe plein fer sur Jean-Michel, 30 piges comme moi, manager d'une boîte de « com' », le duplex en plein Marais, la voiture assortie à son ego, la Rolex bien gaillarde sur son poignet charnu, la mallette en croco prisonnière de sa main potelée et l'oreillette accrochée sur sa joue qui sue comme le groin d'un petit cochon.

— Tu sors du bureau ?

— Très drôle. C’est sûr que toi ça risque pas de t’arriver… Le boulot, les responsabilités, ça te dépasse.

— T’as maigri un peu, non ?

— Je t’emmerde, Raphaël.

— Ça fait plaisir aussi de te voir, Mich-Mich.

Jean-Mich-Mich m’en veut d’avoir emballé son premier amour quand on avait 20 ans. Je lui en voulais de m’avoir fauché le mien quand on en avait 7. Ce type, c’est une carrière exemplaire, sans fausse note, une femme, deux gosses, un gros salaire. Notre seul point commun c’est qu’on est tous les deux des comédiens. Sauf que lui ne le sait pas. Il joue au grand, à l’adulte et critique à tour de bras. Des grands débats sans queue ni tête sur la politique, les religions, les artistes ou les banlieues. Il croit tout savoir sur la vie mais ne ressent plus rien depuis longtemps.

— T’as un appel, je crois. C’est sûrement plus important que le mariage de ton frangin, peau de couille.

— Je t’emmerde, toi et ton monde de gosse. Grandis un peu.

(Pour devenir un jour comme toi et plus avoir de sens ? Plutôt crever tout de suite.)

— Allô ?

On passe à l’apéro et bien sûr je suis le seul connard à ne pas être accompagné. J’ai encore fait une pause avec ma jolie brune. Une jeune quarantenaire, sûrement bien perchée comme moi, se détache des pattes de son mari au cou mou enserré dans un foulard. Elle s’approche de moi, l’œil dragueur. Je n’ai pas envie, là… C’est pas que je t’aime pas, mais j’ai donné. Je ferai pas semblant. Je la raffute en prétextant une hémorragie naso-labiale.

En décrochant du bar, j’entame mon quatrième rhum ambré Coca light. Un type inconnu au bataillon familial me reconnaît.

— Alors, ça roule le rugby ? Tu joues où maintenant ? T'as pas l'air dans ton assiette...

(Merde, je suis un aimant à boulet ou quoi ? Y a marqué sur mon front « viens me prendre la tête s'il te plaît, j'me fais chier » ? Non.)

— Je joue plus au rugby depuis bien longtemps, je suis au chômage, ma gonzesse s'est fait la malle parce que je suis en dépression depuis trente piges et que je suis incapable de pas transférer, mon banquier va bientôt m'envoyer le GIGN et pour couronner le tout je suis à moitié alcoolo. T'as pas un peu de coke ? J'ai oublié mon shit.

Le jeune père de famille, visiblement outré, tente de rétorquer mais rentre vite les ergots. Sa femme, qu'il appellera plus tard maman, vient de l'attraper par le col pour qu'il vienne goûter les canapés mousseline d'asperge. Allez, file !

Tandis que j'ai bientôt 29 ans, des gamins naissent et poussent autour de moi. Je suis cinq fois parrain, oncle trois fois. Zoé, Mia, Lili, Jules, Charlie, Leina, Louane, Hana, Selma et Léon qui arrivent… J'esquive tous les mariages et les baptêmes, prétextant un lumbago ou la mort de mon chien. Sauf qu'aujourd'hui j'ai pas pu y couper. J'avais promis. Où est-il écrit qu'à 29 ans on doit être prêt à faire des gosses, bordel ? Je n'arrive même pas encore à m'accepter, alors comment faire pour aimer quelqu'un d'autre ? Je préfère être seul, sinon je risque d'être violent. Faut que je m'écarte et que je prenne un peu de recul sur toutes ces ouailles qui pullulent. Je ne veux pas être le pote célibataire qu'il faut caser à tout prix avec une belle-sœur, au fin fond d'une piste de danse vers 4 heures du matin, un chaud samedi de juillet. La fameuse célibataire qui, bourrée à trois grammes, confond Œdipe avec une marque de slip, se fendant d'une petite pipe entre deux coupes… Ras le bol des « faut que tu baises », « va t'amuser », que mes potes me balancent comme des croquettes à un chien, en soufflant, blasés de voir que ce pauvre Poulain a encore mis à dix mètres sa princesse éprouvée. Ils ne comprennent pas. Ils ne peuvent pas comprendre. Donc je suis heureux pour eux, ceux qui y sont, et je ne juge pas. Chacun sa vie. Je leur souhaite le bonheur.

Je me sens seul et j'ai envie d'appeler Julie. Où elle est ? Qu'est-ce qu'elle fait ? Trop facile, le téléphone. Si je reviens, elle ne va pas comprendre. Je vais la tuer à force de faire le yoyo. Elle qui subit mes crises de larmes, ma chienlit, mon introspection à cœur ouvert. J'ai jamais triché et elle non plus. On s'est bien perdus on s'est bien flingués et on s'est oubliés à vouloir protéger l'autre. Deux écorchés vifs qui ont cramé la vie sans regarder à gauche et à droite et qui ont pris pas mal de bagnoles dans la gueule en traversant en dehors des clous. Elle ne peut pas être mise dans une case comme tous ces pantins à la mode de rien que j'observe caché derrière ma chemise et mon verre déjà vide. Ils sont fiers ces jeunes mariés, l'alliance vissée au doigt et le sourire en façade. Ils ont l'air heureux dans leur monde aseptisé, si parfait. Et moi, de quoi je suis fier ? D'avoir plaqué dix fois une jeune femme qui m'aime et que j'aime ? D'avoir fait un tour de périph' à 180 dans un 4 × 4 hyperracé ivre mort à 9 heures du mat' ? Fier d'avoir montré mon cul ? D'être monté sur scène ? D'avoir joué au rugby à Paris ? Fier de moi ? Oui. Car je combats les forces maléfiques qui se baladent dans ma tête. Je me regarde en face.

Vers 3 heures, j'enlève la chaise d'une voisine mégère qui me fatigue depuis le début. Elle se retrouve culotte par-dessus serre-tête, prête à être béatifiée d'une petite crêpe sur sa croupe chevaline. Oh ! pardon, Geneviève. Et quelle idée de s'appeler Geneviève à 34 piges aussi… Elle méritait bien un petit roulé-boulé. Je suis le pire des connards ce soir. Après une heure de danse (un déhanché chaloupé digne d'un bonobo fiévreux et atteint de Parkinson), je n'ai plus une goutte de sang dans le corps. Je me transforme peu à peu en baba au rhum géant.

Vers 5 heures, après le gâteau et le rock, les mariés sont ivres morts. Je suis à deux doigts de lâcher moi aussi mon petit Raoul avant de m'assoupir sur ma chaise. Une vieille tante grassouillette vient s'asseoir à côté de moi en me filant un mauvais coup de coude dans les costales. Même pas « bonsoir », elle me balance : « Un jour ou l'autre ça sera ton tour. » T'y couperas pas au moule, mon petit Raphaël… Bien trop bourré pour envoyer la purée, je mouline un peu du cerveau. T'es pas encore couchée, toi ? Tante Germaine, on naît dans le moule et le but, maintenant, c'est de s'en détacher. La vague, nous on surfe pas dessus. On est dans la lessiveuse, dans le rouleau, on la prend en pleine gueule. Pour les enfants que je n'ai pas encore, j'ai bien envie de me responsabiliser plutôt que de croire comme vous. Ça fait flipper parce que je ne sais pas ce que je vais devenir, mais je ne veux pas être des vôtres à croire n'importe quoi, à avoir peur de tout, à ne pas oser. Faut changer ses habitudes, tantine. Pour ma part, ma vie sera créative, libre et avec le moins de « il faut » possible. Je veux être un saltimbanque et tout sauf un moule pour mes marmots.

Si je lui balance ça, on risque de la perdre pour de bon et je n'ai pas de défibrillateur à portée de main. Tu as raison ma tante, mon heure viendra…

Je quitte le bal, défoncé.

« Je vous salue brebis pleine de graisse,
Le saignant est avec vous,
Vous êtes rôtie entre toutes les canes,
Et l'ennui, le bruit dans vos entrailles, est pourri. »
Je connais plus la suite. Bonne nuit et vive les mariés !

La ligne blanche

10 décembre 2009

Je suis une putain de cocotte-minute, sauf que j'ai pas de décompresseur. Je deviens barge. Je mentalise tout. J'analyse les moindres gestes de ma copine, de mon boucher, de ma gardienne, de mes tartines et de tout le monde. Je juge. Je lâche pas prise et je veux tout maîtriser. Mais je maîtrise que dalle. L'amour, la perfection, le passé, tout me file entre les pattes. J'ai envie de m'arracher la peau pour enlever ma plaque de fer et mes boulons. Je veux redevenir neuf. Un enfant. Ras le bol de la torture. Où tout ça me mène ? Ça n'a pas de sens.

Coup de folie. Je brasse un peu les meubles. Je m'agite. La nuit me happe, je quitte le nid. Je me laisse aller, de verre en verre, de boîte en boîte. Je me file dans le nez des rails de coke longs comme la cicatrice qui serpente sur mon bras. Au petit jour, je fais les cent pas dans ma cuisine un couteau à la main. Cette nuit, j'ai tué quelqu'un, j'en suis sûr. Le silence de l'appartement m'oppresse. J'attends la sirène du camion de police qui viendra me chercher. Je suis en nage. Blanc comme la poudre. Ma brune, à nouveau de retour, est endormie dans la chambre. Morte, peut-être. J'épie par-dessous la porte d'entrée en tremblant. Il est 9 heures du matin. En pleine redescente, les mains poisseuses, attaqué par des pulsions de violence, il ne faut surtout pas que j'entre dans la chambre. Je m'écroule sur la moquette, attendant mon trépas. Je me protège dans mes grands bras. J'ai peur d'une partie de moi que je ne comprends pas.

Je sais pas quelle heure il est. 23 heures ? 15 heures ? Je tente de refaire surface. Je ne vois plus la couleur de mes yeux à travers le miroir. Je suis nu, barbu, et perdu au milieu de Paris. La solitude s'installe. Les névroses me bouffent. La folie me guette. J'ose pas sortir de chez moi. Je vomis mes muscles, leurs cicatrices et le reste de ma nuit blanche. Il me faut de l'aide. Un marabout, un bout de ficelle, une selle de cheval. Un médecin, une cure. J'attrape un numéro perdu dans les catacombes de mon téléphone. Un soi-disant spécialiste du sport me reçoit entre deux ordonnances : « Ce n'est pas grave, mon grand. Quatre-vingts pour cent des rugbymans pros font une bonne grosse dépression après leur carrière. Je vais t'envoyer voir un psychiatre, il te donnera des médicaments pour que tu puisses dormir, t'as l'air crevé. » Et mon inexistence, mes manques, la tristesse, la violence, mes crises de larmes, mon envie de sauter, mes petits monstres ? Tout ça va disparaître en gobant tes trucs à la Merlin l'endormeur de mes noix ? Je suis pas un putain d'animal. J'ai pas envie d'être un numéro non plus. Il s'en tape du mental, de l'humain. Je fais partie de la masse des cadavres vivants… Au suivant. La parano revient en un éclair. Persuadé qu'il veut m'enfermer, je me casse avant qu'il s'aperçoive que tout va vraiment mal. Je quitte le cabinet en lui disant que je vais réfléchir, qu'il n'y a pas de quoi s'alarmer. J'ai mal au nez et les sinus se vident d'un coup. J'ai les mains qui tremblent et les larmes aux yeux. Il fait chaud, j'ai des frissons. Je tiendrai pas dehors. Je dois pourtant m'en sortir seul.

La distribution

Décembre 2009

Déchargement des palettes, tri des aliments, distribution. Je suis la dernière recrue des Restos du cœur de la rue d'Alleray. Je pourrais aller y chercher ma soupe, vu mon compte en banque. Mais j'ai du temps et je ne sers à rien. Alors, sur un coup de tête, j'ai proposé mes bras. La plupart de mes collègues sont des retraités, tout comme moi. Entre deux stocks à ranger, un des bénévoles se confie. Il me dit qu'il vient juste d'être balancé au chômage après quarante-trois ans à bosser. Il me raconte qu'au début, à 14 ans, il travaillait cinquante heures par semaine pour faire bouffer ses frères et sœurs et qu'il ne comprend pas pourquoi les jeunes actifs se plaignent de bosser 35 heures au lieu de 39. Je ne prends pas parti : je n'ai jamais vraiment bossé, dans le sens productif, avec des horaires fixes. Je lui réponds juste que dans cette putain de société où il faut rester jeune absolument et performer, passé 50 ans on est considéré comme des vieux. Je ne lui dis pas que dans le sport de haut niveau c'est pire. À 35 ans t'es plus invité. D'ailleurs, il va falloir penser à me recycler. Oui, oui, on verra ça… En attendant, on parle, on range la bouffe, on boit des cafés en détaillant le menu et les calories dont chacun des bénéficiaires a droit par repas. À 13 heures, c'est la distribution. Le moment le plus dur. « Ah ben non, ma petite dame, cette semaine il n'y aura pas de riz. Revenez mercredi… » « Ah, pour vous, c'est une seule petite boîte de thon, vous n'avez qu'un enfant. » « Bonjour, monsieur, aujourd'hui pas de lait mais vous avez droit à deux poires et une mandarine. » Ils répondent tous : « C'est pas grave, monsieur. Merci, merci, merci. » Alors que dehors on se gave et on gâche, ici ils crèvent la dalle et ils sourient en me disant merci.

Quand tu vois ça, ta dépression te paraît ressembler à un putain de conte de fées. Tu relèves la tête et tu souris. Tu ravales un peu tes larmes et tu t'en veux d'avoir eu l'impression d'être mort. T'es bien vivant quand tu vois ces gens qui font la queue pour pouvoir manger. Alors tu fermes un peu plus ta gueule et tu dis oui quand tes potes te demandent si ça va. Parce que tu la vois, la réalité. Elle te tend la main, le regard plein de timidité, de pudeur et de peur. Il fait froid dehors mais ils sont brûlants d'humanité. Ça remet à sa place. C'est tenace et t'en cauchemardes, mais il faut du mental, un bon moral, pour leur rendre ce sourire qu'ils t'offrent en remerciement. Là, il n'y a pas un écran de télé qui nous sépare. Ils sont bien là, tenant leurs vies entre leurs mains qu'ils te tendent en souriant.

Je me rends compte, dans une soirée rugby guindée où j'ai ressorti ma vieille veste Stade Français, que la table pleine de victuailles pourrait nourrir une bonne dizaine de familles dont je m'occupe chaquc matin. C'était bien beau tous ces saumons bourgeois, ces costards bien taillés, ces grands sourires et ces mains serrées, mais il est temps de prendre conscience de la réalité. J'observe une dernière fois ces gens, ces lumières, ce monde qui a avancé sans moi depuis près de cinq ans. Je quitte la table en souriant, prétextant du travail à finir. En sortant de ce lieu prestigieux, au coin d'une rue à l'abri des regards, je vomis.

L’errance

Hiver 2009

Lundi 14 décembre 2009, assis devant le théâtre Marigny. Là où je me suis régalé il y a trois ans. Il me reste comme un goût amer d’histoire pas accomplie. Il y a un truc qui ne part pas. Je bois des hectolitres de thé pour me purifier. Je fais encore plus de sport qu’avant. J’arrête de fumer et je reprends. Je prends plusieurs bains par jour parce que je me sens sale de ce que je suis.

Je pourrais continuer longtemps à squatter mon canapé et bouger des cagettes aux Restos du cœur mais ce soir j’ai besoin de quitter mon passé, de sortir de moi-même. Je veux aller au bout, affronter l’extrême. Je pars être clochard. Rien ne me rattache à mon appartement. Je regarde de plus en plus à travers la baie vitrée et j’ai l’impression que la ville me dévisage. Elle m’attire. Et je lui dis alors à cette capitale d’apparence que je ne peux pas, je ne peux plus, je n’ai pas de diplôme, pas d’expérience autre que sur un terrain. Je ne veux pas finir en serveur aigri, à ressasser mon passé de rugbyman en meuglant « ah de mon temps » ou « si vous saviez ce que c’était le rugby à l’époque », la panse à l’air et la clope au bec. Plutôt crever, ouais.

Je sens le départ qui approche. Je me prépare à raconter à mes proches que je vais partir quelques mois faire le tour du monde et que je serai difficilement joignable. Ils vont être contents pour moi. J'imagine ma mère, le cœur serré : « Enfin il s'envole, il le mérite bien… J'espère qu'il a pris des petites laines et sa carte d'identité… » Et mon père de poursuivre : « … Et son passeport… Va, mon fils. » Je suis désolé pour ce petit mensonge, chers parents… Je sais qu'ils ne m'en voudront pas. Je dois finir ce que j'ai commencé.

Je fais moins de sport depuis quelques jours, histoire d'avoir moins de muscles à nourrir. C'est complètement con. Chaque matin depuis un mois je m'habille léger et je sors quelques heures pour adapter mon corps aux conditions externes. Bien sûr, pas de téléphone portable ni de carte bleue. Je vais déjà assez tricher avec tout mon barda. Je claquerai la porte. Je sais que Thérèse prendra soin de mon courrier. Demain matin, je quitterai l'immeuble. Je traverserai le parc face à ma baie vitrée. Où je vais bien pouvoir dormir la nuit prochaine ?

Je veux prouver au monde que ça peut arriver à tout le monde de se retrouver à la rue après avoir vécu en haut de l'affiche, que la pauvreté n'épargne plus les héros. Y en a qui gravissent des montagnes pour se prouver qu'ils sont capables d'aller au bout d'eux-mêmes. J'ai décidé de conquérir Paris à ma manière. C'est mon épreuve finale, mon diplôme, mon rite.

0 h 27. Je pars. Je suis déboussolé. Je marche sans trop savoir vers où. J'ai froid. Plus je marche, moins j'ai de force, plus j'ai mal. Et pourquoi je ne commencerais pas l'aventure maintenant ? Sur un coup de tête, c'est décidé je ne rentrerai pas chez moi cette nuit. J'avance. Mais sans savoir vers quoi.

3 h 14. J'ai parcouru plusieurs kilomètres et me voilà devant mon premier appartement parisien. Une silhouette

m'observe, perchée à la fenêtre. C'est moi, momifié, le corps tout enveloppé de plâtre et de sparadrap. Sous ces couches, une base de cent kilos, un mental d'acier. Et puis, accumulés : sept agrafes, un écrou, une plaque, dix vis, un mètre cinquante de cicatrices, une couille en moins, un genou en carton-pâte, dix-sept entorses, une petite vingtaine de déchirures.

Le quartier est blanchi par la neige. Je gèle. Est-ce que je veux encore me faire souffrir ? Je ne me suis pas fait assez de mal comme ça par le passé ? Je reprends la route, toujours sans réponse. Les flocons commencent à tomber. Je poursuis ma fuite d'un pas mécanique.

N'est-ce pas prétentieux et bourgeois, de partir vivre sous les ponts, tout en sachant que dans un mois je retrouverai mon appartement et mon lit ? N'est-ce pas un peu gamin de vouloir prouver que je suis capable encore une fois de performer ? C'est ça mon problème. J'ai peur d'ouvrir les yeux. Je m'arrête au milieu d'un boulevard. Face à moi les Champs-Élysées. 4 h 19. J'ai des cloques aux pieds et le dos qui me brûle. Il faut que je m'asseye.

7 h 45. Quai André-Citroën : je suis défoncé de fatigue mais je tiens le coup. Encore quelques petites choses à éclaircir. *La Bête humaine*. C'est l'histoire d'un homme qui ne peut pas s'empêcher de tuer quand il aime. Son père était alcoolique et son grand-père aussi. Il trimballe ce fardeau, cette souffrance. Afin de conjurer le sort et de casser ce problème générationnel, il ne boit pas mais remplace la bouteille par la violence. À se rendre fou, tellement fou qu'il se suicide après avoir tué l'amour de sa vie. C'est un film que j'ai vu il y a douze heures à peine. Ça me parle. Je comprends ma peur de l'abandon, ma peur d'oser. Mon père, mon grand-père.

Deux générations qui ont été abandonnées successivement. Pourquoi est-ce que je mériterais autre chose que ça ?

8 h 03. Devant chez moi. Je crois qu'il est temps de casser le cycle de ces malheurs enfouis. À compter de maintenant je prends le relais en mettant de côté ma plus grande peur. Celle de vouloir toujours me remplir en prouvant aux autres ma valeur, par crainte d'être abandonné ou jugé. Putain, que je suis fatigué…

8 h 27. Je n'ai même pas le temps de prendre une douche qu'il faut repartir rue d'Alleray pour la réception des livraisons. Oui, t'as beau faire le beau à faire nuit blanche pour te trouver, une chose est sûre, le monde a continué à tourner sans toi et dans trois heures il y a une bonne centaine de familles qui vont venir chercher leurs provisions, alors tu fermes ta gueule, tu ne te plains pas et tu fais semblant d'être au top.

Comme un automate, lâchant quelques sourires, j'assure comme je peux ma journée de bénévole. Mais le cœur n'y est pas. Personne autour de moi n'est au courant de mon aventure intérieure.

16 h 17. Plus que cent mètres à parcourir avant d'atteindre ma chambre, mon lit, ma couette moelleuse. Après tout, c'est peut-être aussi simple que ça le bonheur. Le truc le plus dur c'est les derniers mètres.

Coup de bâton

Janvier 2010

Je finis de m'achever dans le parc qui me sert de parcours du combattant, en face de chez moi, quand un enfant de 2 ans à peine, regard clair et cheveux blonds bouclés, s'approche de la bête en nage. Il me regarde. Le torse velu, saupoudré de sueur, blanc comme un mur d'hôpital, j'ai l'air d'un Chewbacca à l'agonie. Je sens que le chérubin veut me dire quelque chose. Il est immobile face à moi et sourit. Je lis dans ses yeux : Pourquoi tu te mets dans cet état-là ? Pourquoi tu te donnes tant de mal ? T'es débile ou quoi ? Il tient un bâton dans ses mains et sans réfléchir m'en donne un coup sur le torse alors que je finis péniblement mes abdos. Sa mère accourt, confuse. Lui me regarde toujours avec le même rictus.

« Lève-toi et marche, maintenant. T'as pas besoin de ça pour exister. Tu t'es fait assez mal. À présent, pense à toi. »

Il lève à nouveau son bâton. Avant que sa mère ne le gronde, je la stoppe dans son élan. « Ce n'est pas grave. Il ne voulait pas faire mal. » Ils disparaissent, me laissant seul au milieu du parc, confit dans ma sueur tiède.

Sur le chemin du retour, une cinquantaine d'arbres bien alignés m'offrent un peu d'ombre et de fraîcheur sous leurs branchages. Je ferme les yeux. J'essaie de marcher droit sur cinquante mètres. Penser à moi… Penser à moi… J'avance à tâtons, les bras relâchés, confiant. Au bout d'une vingtaine de mètres, j'entre en collision frontale avec un large tronc. Je ne suis pas lucide. Ce n'est pas le moment de faire le spirituel. Je me remets à marcher. Un oisillon tombe de son nid juste devant moi. Ce n'est pas un bébé oiseau qu'on a tous sauvé étant petits. Pas celui sans plumes à peine sorti de sa coquille. Non, c'est un oiselet avec des plumes qui a sûrement voulu sauter trop tôt, sans même avoir appris à battre des ailes. Coïncidence ? Je ne crois pas. Le malheureux piaf tournoie sur lui-même. Il n'en peut plus. Je sais que quelques heures plus tard il crèvera. Je ne peux pas le sauver, il faut que je pense à moi. Je le laisse se perdre dans les feuillages.

Roi de la jungle

Février 2010

Je suis de retour au fond du canapé, en Crusoé barbu. Les jours défilent, mes poils poussent. Je bâille. J'enrage. Je vois mes potes évoluer. Tahar gagne deux César, Jérôme enchaîne les bons matches avec le Racing, Luc s'est acheté une maison coloniale à Nouméa, Pierre s'en fait construire une à Meudon, Salim et Rodolphe deviennent papas… Et moi ?

Un casting inattendu vient briser ma triste routine. Je me pointe, la gueule enfarinée. Le naturel prend le dessus. Devant les responsables du projet, bien calés derrière un bureau, je balance trois cris de singe, réalise un roulé-boulé, je brandis une chaise et la fais tourner dans les airs. « Bravo. » Je suis pris. J'ai un projet. Je serai Tarzan pour une publicité sur le développement durable payée par le ministère de l'Environnement. La veille, je n'étais même pas capable de secourir un pauvre piaf. Aujourd'hui, on me demande de sauver la jungle entière. Je n'ai pas vraiment saisi les subtilités du scénario, mais je me retrouve, un lundi d'hiver, tout épilé, vêtu d'un petit slip, dans une loge froide improvisée quelque part dans un studio de la banlieue parisienne.

La maquilleuse s'affaire et me demande régulièrement si tout va bien. Épilé de près, gonflé comme un crapaud, je me prépare à je ne sais quoi. Je sais juste que je n'ai pas de texte. Tout juste quelques râles d'homme de la jungle. Je me suis entraîné sous la douche. J'espère que ça leur plaira. Pomponné comme un Ken en pagne, je pénètre dans mon territoire de plastique. Mon royaume sauvage est constitué d'un faux arbre planté au milieu d'un hangar et de quelques lianes en plastoc qui pendouillent entre les caméras et les projecteurs, braqués sur le tronc.

C'est moi le héros du court métrage. Je suis le seul humain, aussi. Les animaux arrivent au fur et à mesure. Pas le temps de faire des présentations très poussées avec Oscar, un vrai boa de quatre mètres. Dans le script, Tarzan dompte Oscar. En équilibre sur ma branche, je manque de faire dans mon pagne. « Vas-y, saute-lui dessus ! » lance le réalisateur dans son mégaphone. Le tournage est minuté. Il faut avoir fini avant la nuit Tarzan n'est pas censé avoir la frousse. « Hypnotise-le ! » poursuit-il. J'aimerais lui répliquer que, même si j'ai un peu menti sur mon CV, j'ai jamais dit que j'avais une quelconque expérience en hypnotisation de serpent. Ce bestiau pourrait me becter. Je mime une vague tentative de placage. J'ai fait illusion. Deuxième plan. Je descends de mon arbre tout en sueur.

« Alors là, tu te l'enroules autour du cou, comme si tu l'avais hypnotisé », m'explique un vieux type à catogan, genre éleveur de mygales à Fort Boyard. « Surtout, pas de geste brusque, Oscar pourrait s'énerver. » Je grimpe à nouveau sur mon bout d'arbre factice, Oscar en guise de collier. Je soutiens l'animal, main droite sous le gosier, main gauche quelque part plus bas. Surtout, ne pas le serrer trop fort, il pourrait m'éclater le cou, le bétail. Qui est la proie ? Où est le héros ? Je me sens tout petit dans mon slip panthère.

« Il dompte la jungle », déclame la voix off, sûre de mes pouvoirs. Là, j'attrape une mouche en plastique et me la balance dans la bouche. Sensation irréelle. « Coupez ! » Je recrache la chose, qui ressort avec quelques grumeaux du petit déj' du matin. La suave voix off dicte la suite : « … Jusqu'au moment où il découvre l'amour… » Et là, Cheetah arrive avec sa couche. Elle tient son éleveur par la main (pas le même que pour les serpents, mais un petit bonhomme spécialisé dans le chimpanzé). Quand Cheetah découvre mon corps huilé, elle devient toute gênée, se passe la main sur les yeux et trépigne. Je la sens déjà bien dans son rôle. C'est bon pour ma confiance en moi, ma confiance de comédien. La scène durera peut-être cinq secondes à l'écran, tout au plus. Mais dans le hangar glacé, la parade amoureuse se prolonge. On joue à tape-tape, je pèle une banane et la lui offre, l'œil romantique.

La scène est une grande réussite. Cheetah repart dans sa loge, encore un peu troublée. Un cri de Jane préenregistré m'appelle vers d'autres recoins de la jungle. J'attrape une liane, mime une propulsion bestiale, puis laisse ma place à un cascadeur professionnel. Il simulera une chute brutale, dans une jungle déserte. Déforestation oblige, Tarzan ne retrouvera pas sa Jane. Fin de la journée. Je me rhabille.

Quelques semaines plus tard, séance de ciné avec ma petite Jane provençale. C'est Noël. Je m'assois à côté d'elle avec un seau de pop-corn. La salle se bidonne en voyant le spot publicitaire. Elle me dévisage, fière d'avoir retrouvé son Tarzan.

Électrochoc

Avril 2010

J'ai revendu quelques babioles lors d'une brocante pour acheter une liquette neuve et de quoi être présentable : une mallette noire en simili-cuir de vachette et une paire de lattes à bouts pointus. J'ai troqué mon pagne pour une chemise blanche bien repassée. Marre d'être trop casanier, il est temps de paraître normal. Il est temps d'être un homme moderne. Mes potes me l'ont dit il y a quelques jours, inquiets : « Il faut que tu trouves du boulot. Comédien, ça va un temps… » À moi le monde du travail, alors. Dans la mallette, j'ai déposé 10 CV floqués de deux lignes et sans diplôme apparent. J'ai pourtant une vie qui égalerait les quarante piges d'expérience d'un tourneur-fraiseur ou les dix-sept années d'études d'un grand ponte du Cac 40. Moi j'ai un CAP de PlayStation, un bac pro de branleur, une licence d'expériences en tous genres et le tout empaqueté dans un doctorat d'enfantillage à faire pâlir Oui-Oui et cette conne de Martine. Je peux tout faire. Je suis un fou aujourd'hui. J'ai bien réussi à me réconcilier avec ma concierge, alors tout est permis.

Je m'engouffre confiant dans le métro parisien. Au-dehors, le jour n'est pas encore levé. Mon premier métro matinal depuis bien longtemps. Les gens sur le quai, tous vêtus de noir, sont luisants d'aftershave et vaporisés de parfum. Les femmes ont la peau des joues tirée par leurs chignons compliqués. Ils font corps avec leurs téléphones. Qu'est-ce qui a bien pu leur arriver? La rame de métro approche en ronflant. Tout le monde s'entasse, se bouscule et se mord du regard. Je commence à peine mon grand retour dans le monde réel que je me fais déjà marcher sur mes chaussures toutes neuves. Les publicités défilent sur les murs et les regards perdus avalent sans moufter des crèmes de jour, des crèmes de nuit, des shampoings réparateurs, régulateurs, des anti-âge, des antioxydants, des régimes minceur, des compléments alimentaires. À chaque station on en prend plein le museau. Des fringues posées sur des corps perfectionnés, du peaufinage à l'excès et des couleurs chatoyantes. Un vrai conte de fées pour moutons en manque de laine – et dire que j'y étais en 4 par 3 moi aussi. D'un coup j'ai honte, car je la connais l'histoire. Les poses lascives, les retouches, la « com' » comme ils disent avec leur accent à la mode parisienne.

Après quoi ils courent et se bousculent? Après le temps qui passe? Ce fameux temps qui soi-disant nous manque? Ils cavalent. À ce rythme-là ils vont se claquer, je sais de quoi je parle. Ça veut dire ça, alors, aller bosser? Trimer toujours plus pour faire du fric, toujours plus de fric? Performer? Est-ce que j'ai envie de ça? Encore? En chemise blanche et grolles cirées plutôt qu'en maillot bleu avec des éclairs dessus?

Le métro s'arrête en pleine voie. C'est un signe. Faut que je sorte ou je vais y laisser la peau. Ça bourdonne dans ma tête. C'est pas la vie que je veux, ça. C'est pas la mienne. De l'air, vite. Où sont passés mes rêves de gosses? Devenir comédien… Devenir motard dans la police… Devenir fermier avec une femme et des enfants et un champ et une vache pour mettre dedans. Je n'ai pas parcouru cinq stations mais il est déjà temps de rentrer.

Je sors du métro à Odéon. Il me faut un lieu réconfortant. Le café Starbucks. J'y ai mes habitudes depuis deux ans maintenant, où j'y philosophe avec Sartre, Spinoza, Jung et d'autres assassins de cerveau, en sirotant un bon chai-tea-latte-soja-venti. Je m'installe sur un gros canapé joufflu et je ferme les yeux pour reprendre mes esprits. J'ouvre ma mallette et en sors un solide bouquin philosophico-psychanalytique, histoire de comprendre le genre humain que je viens de croiser sous terre il y a pas cinq minutes.

J'entame ma lecture mais quelque chose ne va pas, je me sens épié comme à la sortie du bus du Stade à chaque match à l'extérieur. Il y a une énergie qui ne me convient pas. Je redresse la tête. Un type m'observe l'air méchant juste face à moi. Il a un walkman sur les oreilles, un blouson bombers noir avec intérieur doublé orange fluo, un jean troué aux larges ourlets qui laisse apparaître les lacets blancs de ses Doc Martens. La chemise est ouverte (il s'épile, c'est un signe de mal-être, j'ai lu ça quelque part et j'ai déjà testé), le crâne est rasé et l'aspect global est assez costaud. Un skinhead en fin de vingtaine, assurément. La dernière fois que j'en ai fendu un c'était à Beauvais lors d'un pogo improvisé pendant un concert de hard rock à la fête de la musique 1998. Un type m'avait bousculé sans connaître mon profil de bourrin. Il avait fini encastré dans une grille d'arbre par un simple coup d'épaule. Mais là c'est pas la même chanson, j'aime pas les fachos j'ai pas l'intention de lâcher l'affaire. Ça va faire mal. Allez, juste une dernière, histoire de se tester avant de raccrocher pour de bon. Le cœur commence à pulser sévère, je pose mon livre sur la table sans parler. Juste regarder. Il est à un mètre de moi. Si ça part en sucette, j'envoie les pieds et les poings. C'est lui ou moi. Les gens autour ressentent l'énergie qui émanent de notre duel.

— Qu'est-ce qu'il y a, gros ?

Un skin avec un vocabulaire de racaille et une voix de castrat, ça sonne faux. Il se cherche le type, c'est sûr, il transpire la peur, ça se voit dans le regard, ça trompe personne son petit jeu. Il a un costume de dur mais ça sonne creux. Je la connais, cette peur qu'on cache derrière les muscles, derrière le bruit et les « moi je ». Ta carapace s'effrite. Ton costume, c'est du vent. T'es comme moi. T'as pas ton groupe et tes potes derrière toi. Moi j'ai plus de cape, j'ai plus d'arme, mais j'ai plus peur et je crois que je peux être dangereux. Si tu veux jouer au grand, va falloir assumer ta liquette, je lâcherai rien.

— À toi de me le dire…

— Je sais pas, tu me fixes bizarre. Tu veux qu'on se tape ?

La voilà la fameuse bagarre qui approche : « se taper ». Comme à l'école, pour jouer. À Saint-Tropez, dix-huit points de suture. À Pau, un nez pété, ça m'a coûté 5 000 balles. Sur le boulevard Saint Germain, menotté, après une bagarre à la sortie d'une boîte. Des cendriers, des verres, des coups de pied dans la tête avec des types tout aussi débiles que moi. Et puis quelques autres encore. Alors une petite dernière, ça pourra pas me faire trop de mal. Il a pas l'air sûr de lui et je transpire de rage.

Tandis que je le fixe, concentré, j'enlève ma veste qui laisse apparaître la cicatrice le long de mon bras droit encore bien gaillard. Son regard change, ses pupilles se dilatent. Il tourne alors la tête nonchalamment et regarde dehors en faisant la moue, genre t'es pas à la hauteur… Fatche ! Que ça m'énerve…

J'essaie de me replonger dans mon bouquin mais je lis dix fois la même phrase à la suite. J'arrive pas à débrancher de ce qui vient de se passer. Faut que j'atterrisse. Il a la tête tournée, c'est bon Raph, lâche le morceau. Je reprends mes esprits et arrive enfin à lire trois mots. C'est alors que le type revient à la charge. Sans même tourner la tête, le voilà qui tend un bras, replie son poing, et lève le majeur dans ma direction.

— Qu'est-ce que tu fais ?

Il ne me regarde plus. Je me lève. Il me regarde à nouveau, je suis à deux doigts de lui foutre dessus.

— Qu'est-ce que tu viens de faire ?

Les gens autour s'enfoncent dans leurs sièges.

— Moi ? J'ai rien fait.

Je me rassois.

— Tu cherches quoi ? Tu veux qu'on se foute sur la tronche ? Explique-moi.

Il y a un silence de mort et c'est à celui qui armera le premier.

Il ne répond pas et fait non de la tête. J'ai les nerfs serrés, je n'existe pas et ce type se fout de ma gueule. Il tente de faire l'énervé mais ça ne marche pas, ça ne marche plus, t'es en train de te perdre, mon petit père. Il tourne la tête et remet son walkman. Je regarde ailleurs. Qu'est-ce que je fais ? Les mains moites, le regard animal, j'ai les poings qui se serrent. C'est alors que, sans réfléchir, d'un geste naturel, je pose mon téléphone sur la table ainsi que mon portefeuille et mon chéquier. Je sors mon ordinateur. Je claque des doigts et il se redresse me fixant à nouveau. Je lui fais un geste pour qu'il enlève son casque. Il s'exécute, le sourcil froncé.

— Tu veux boire un truc ?

— Hein ? Quoi ? Je sais pas ? Euh oui, non… Merci, non ça va.

Je viens de le désarçonner et je me surprends à lui demander :

— Ça te dérange pas de me garder mes affaires, je vais aller me chercher un truc à boire ? Tu peux les surveiller ?

— Euh, ouais, pas de problème.

Je me lève et quitte la pièce. En descendant les escaliers je ne le regarde plus, j'ai confiance en moi. Je viens de surmonter ma pulsion de lui foutre sur la gueule. J'ai réussi à maîtriser et à renverser la vapeur. C'est possible, donc. Je respire mieux. J'ai le sourire alors qu'une minute plus tôt j'étais au bord de la convulsion. J'ai réussi. J'ai l'impression de renaître. Je peux me dompter. J'y arrive enfin. Tiens, je vais me prendre un chocolat chaud. En remontant, j'ai plus du tout la même énergie. Je rayonne. Je me sens bien alors que je m'assois et ouvre mon ordinateur en remerciant mon voisin, tout naturellement, comme s'il ne s'était rien passé. Il n'est plus au centre de mon attention. Fini les jeux de rôle à qui aura la plus grosse paire. Fini les jeux dangereux. Je me fais confiance.

Quelques minutes plus tard, le type passe la main devant mon écran d'ordinateur pour attirer mon attention. Je le vois enfin pour ce qu'il est. Il a un petit sourire, un regard de gosse et il me dit : « Désolé et merci ». Je lui réponds : « Bonne journée ». Il me tend sa main un peu tremblante. Je lui tends la mienne. Je le regarde partir. Je remarque qu'il a enlevé ses ourlets à son pantalon et qu'il a reboutonné sa chemise.

Ça tourne

Mai 2010

Je suis Marc, chef d'une bande de dealers européens, et je dois à tout prix récupérer une dizaine de kilos de cocaïne, détenue par un gang de Sud-Américains patibulaires, dont le chef dégage une violence inouïe. Je suis Raphaël, homme-enfant décidant de prendre sa carrière en main. Je tourne dans *Munera*, le court métrage de fin d'année d'une bande d'étudiants en cinéma. Ça se présente bien, l'affaire. Après un bref maquillage, tout le monde est en place. Silence… Moteur… Ça tourne au son… Et…

Action. La mallette n'est pas pleine. Il manque au moins huit kilos de poudre. Ce n'est pas ce qui était prévu. Le boss mexicain s'énerve. Je recule. « On se casse ! » L'échange tourne mal. Les latinos nous braquent leurs flingues sur la gueule en criant des « puta madre ». Je sors mon arme et la pointe sur le front du chef qui avance vers moi le regard noir. « On se casse et je t'emmerde, toi et tes deux caniches, espèce de fils de pute. » Rien ne peut l'arrêter. Lucas, mon bras droit, tire le premier. Les balles pleuvent, les corps volent, du sang gicle. Je vide mon chargeur en direction du gang et puis plus rien. Six cadavres gisent dans le hangar fumant.

J'entends du fond de mon cerveau un sifflement strident. J'ouvre les yeux. Qu'est-ce qui s'est passé ? Où je suis ? Je tente de me redresser. Une douleur me foudroie le bas-ventre. J'ai pris une balle en plein dans la cicatrice de mon appendicite et je saigne. Je m'adosse à la voiture derrière moi et observe le carnage. De l'hémoglobine, des douilles, des corps immobiles et puis la mallette au beau milieu de l'abattoir. Je dois la récupérer, même si le compte n'y est pas. Je rampe vers la came, en prenant soin d'éviter les corps de mes hommes. Dans un dernier effort je me redresse et attrape la poignée de la valisette noire. Un bruit. Je me fige et redresse doucement la tête. Face à moi, à 10 mètres, le fou reprend connaissance et se redresse à son tour. Nos regards se croisent. Coupez !

Nico Diego, le réalisateur, un rebelle pétri de talent, me met en confiance du haut de ses 23 printemps. J'ai pu donner ce que je sais faire, enfin. Ça fait du bien. Je retrouve le plaisir simple d'une finale Reichel, d'un match à Beauvais. J'avais perdu pendant une demi-décennie l'espoir de revivre ça et c'est une équipe de potes qui me redonne envie de croire en moi. J'attrape mon téléphone. Je veux appeler Julie pour lui dire que c'est énorme, que le tournage est comme une renaissance, que je suis fait pour ça. Deux appels en absence : maman. Un message… Non, je ne veux pas l'écouter parce que je sais ce qu'elle va me dire. Les larmes montent alors que je compose le numéro. Allô…

J'arrive en retard le lendemain sur le tournage. Je suis fatigué. Le réalisateur me paye une clope, une petite nana m'amène un café. Je suis gêné, j'accepte. Je remets les fringues ensanglantées. Nico m'explique ce qu'il attend de moi tout en sachant mon état d'esprit. Il était à côté de moi au moment du coup de fil et a senti que quelque chose n'allait pas. Je me devais de lui expliquer. Il sait. Je ne peux pas les abandonner, alors je serre les dents et j'écoute les instructions. Action !

Pour la scène suivante il faut que je pleure. Je demande à ce que le plateau soit vide afin de pouvoir placer l'émotion au bon endroit, au bon moment. Je me rappelle comment j'avais réussi à pleurer trois fois par soir pendant 115 représentations, quatre ans plus tôt. Quelle belle connerie quand j'y repense. Ma mère était malade à cette époque et quelle torture psychologique de nourrir chaque soir un personnage en pensant à ce qu'elle traversait, à ce qu'on vivait. Hier j'ai appris qu'elle est de nouveau atteinte mais je ne veux plus faire les mêmes erreurs. Je ne veux pas nourrir mon personnage de ma propre souffrance. Je sais qu'elle va s'en sortir et je ne veux pas pleurer. J'ai confiance. Un peu d'alcool de menthe sous les yeux, les larmes montent mécaniquement. C'est reparti.

Un nouveau-né

Juin 2010

L'herbe du terrain est grasse et bien verte. Une odeur de barbecue me fait saliver sur le bord de la touche. Tous les copains sont là. Des souvenirs emmagasinés à grands coups de pelleteuses humaines.

J'ouvre les yeux. Je suis debout au milieu d'une salle de classe, je ris, je pleure, je souris. Il y a douze personnes autour de moi mais ça ne me dérange pas. Je viens de faire une visualisation. Je suis depuis trois mois une formation de coach mental. Je suis arrivé à l'heure ce matin et, sans hésiter, je me suis porté volontaire.

J'ai attendu quatre ans et cette formation pour accepter mes faiblesses. Je sais maintenant que je ne lui dois plus rien à ce rugby, si ce n'est mon témoignage pour les générations à venir. Je redeviens par la force des choses un individu lambda, en manque d'existence, mais j'accepte de mourir en solitaire pour renaître, un jour, en société. C'est le jeu.

J'entends les mots « échanges », « conversation non violente », « motivation juste », « développement du mental ». J'apprends l'importance de connaître la place juste d'un individu au sein d'un groupe. Mes deux formateurs m'apprennent la popote humaine. À base de psychologie, de compréhension de l'autre et de joie de vivre. Ils sont mes nouveaux référents. Mais ils étaient où dix ans plus tôt ?

Le soir, j'accompagne ma mère à une conférence sur l'approche plus humaine de la maladie et du malade. Les participants ont tous au moins la cinquantaine. Sur scène, un petit bonhomme, mi-médecin mi-psy, qui explique en choisissant les bons mots l'importance de soigner le malade et pas seulement la maladie. Je vois ma mère en larmes écoutant ce type. Ça lui parle tout ça car elle aussi est en quête de ses vérités, à travers ses souvenirs. Elle veut comprendre pourquoi son foie est touché. Elle veut apprendre à s'écouter. Je découvre à mon tour que mon corps m'a parlé dans le rugby. Il m'a fait comprendre qu'il fallait arrêter de se torturer, qu'il était temps de se poser et d'arrêter de jouer un rôle. La voilà ma vie aujourd'hui. Je ne me sens pas perdu dans cette masse de mots étranges. J'y trouve mes vérités. Je renifle un peu. Ma mère me sourit.

À la sortie de la conférence, on se pose dans une station de métro. Il y a du monde qui sort et entre dans la rame et nous, assis sur un banc, on digère. Les gens dévisagent ma maman avec son turban sur la tête. Elle ne les remarque pas, elle est ailleurs. Dans un éclair d'émotions elle me dit : « Je me sens au centre de ma vie. Ça fait du bien. Ça me parle ce qui vient d'être dit… » On monte alors dans le métro gavé de gens, tristes pantins. Je crée un cercle de protection autour de ma mère, l'enroulant dans mes bras forts et fragiles. Les gens se poussent autour de nous. Nous sommes dans nos pensées, bien loin des mortels. Mais bien vivants.

Le lendemain matin, ma mère repasse ma chemise et mon pantalon. Je n'ai pas pu refuser quand elle m'a demandé. Je suis le petit garçon, après tout. Un mini-moi tout poilu et en slip Superman apparaît sur le bord de la table à repasser. Mon double taille Barbie me balance : « Ben non, Raph. T'es plus le petit garçon. Tu vas avoir 30 balais. OK, t'as joué au grand quand il fallait pas, mais va falloir ouvrir les mirettes ! Elle a vieilli, ta maman. Elle est grand-mère et t'es un bonhomme maintenant, t'es devenu grand. Faut que ça rentre dans ta petite caboche. »

Le village

Juillet 2010

Je retrouve la propriété de La Malgue quand Paris m'étouffe. Dans la salle à manger chargée de mille bibelots d'époque, je rejoins Colette, la cousine de mon père, et Roland, son mari. Roland Bonnet de Villario. Un Lion comme moi, un homme de théâtre qui commence toujours une anecdote par : « Je crois que je me souviendrai toute ma vie… » Avec lui j'apprends un bout de l'histoire de France. Il fait de grands gestes en me racontant la guerre, ses métiers, son passé et le mien à travers des anecdotes rocambolesques. Sa femme et mon père, cousins donc, seraient des descendants de pépé Henri IV, celui-ci ayant couché avec une femme de joie du nom de Guilhas, du côté de Pau, aux alentours de 1600. C'est vrai qu'en regardant bien, niveau profil, il y a un certain air de ressemblance. Ça, plus ma mère née Capet, on serait donc mes sœurs et moi au croisement de deux lignées historiques… Colette prend le relais. Elle me raconte mon père à ses 20 ans. Il avait arrêté une vache lancée comme une balle pour lui prendre la cocarde entre ses cornes et gagner le gros lot. Une saleté de mec accourant de nulle part lui a piqué le bout de tissu, emportant par conséquent la récompense. Elle me le raconte chaque année. Et chaque fois j'ai envie de partir à la recherche de ce type pour venger l'abbé Mac, mon héros. C'est un monument de vie elle aussi, ma Coco. Mais Colette, on n'a pas le droit de lui faire de compliments. Notre présence suffit. L'été, elle ouvre ses bras et sa demeure à chaque bout de famille qui fait escale. Tout autour de la propriété, les gens les appellent comte et comtesse Bonnet de Villario. Ils sont à l'image des villages qui ruissellent de fêtes à longueur d'année. Des irréductibles Provençaux, qui festoient pour oublier la chaleur à grands coups de pastis et de vin rosé. Il y a la charrette, la Saint-Éloi, les mariages, les chevaux, leurs attelages. Il y a les fanions, les chemises aux couleurs des institutions. Le respect du passé, des anciens, même des vieux cons. Et le rugby à Eyragues. À l'ancienne, comme à Beauvais, comme à mes débuts au Stade Français. Il y a toujours des types marquants dans ce genre d'équipe. Ici, au village, il y a les frères Conty. Deux masses venues de la terre. Ils ont tous deux joué à Châteaurenard, l'ennemi, puis à Nîmes, avant de finir leurs carrières ensemble là où ils l'ont commencée. L'amour du maillot et de la bière fraîche en fin de match. La clope au bec comme dans les vestiaires du Stade, avec Domi et la Jouille, accompagnés de Bibi, occupés à refaire le match la biboche à la main. Et puis, à Saint-Rémy, il y a Jacques du Lézard. La cinquantaine bien conquise, il est un puits de connaissance sportive, avec une vie à faire pâlir tous les faisans de la capitale, Rolex au poignet et grands discours sur l'expérience. Jacques du Lézard, lui, n'a pas de portable, rarement une pièce d'identité, six gamins, une barbe qui picote, un restaurant atypique où même les gloutons se plaignent d'en avoir trop dans leur assiette. Il est souvent rejoint au comptoir par Monsieur Paul, représentant en alcool dans la région. Chaque fois que je le vois, il me raconte, la larme au coin de l'œil, les péripéties de l'ancien Béziers conquérant.

Tous ces gens que je croise, à l'apéro ou au dîner, au coin d'un bar ou d'un après-match, ce sont eux qui font l'histoire. Tout n'est pas parisien. Mes bases sont aussi là.

Quelques gouttes tombent de-ci de-là et s'éclatent sur le sol qui aspire mon utopie et mon enfance. C'est la première fois que je vois la pluie à La Malgue. Mon oncle m'a toujours dit qu'il ne pleuvait jamais ici et je l'ai cru, jusqu'à aujourd'hui.

Un vieux boxeur trempé dans une barrique de rhum

Juillet 2010

Florence, un soir de juillet avec ma dulcinée. Le vin coule à flots pour nos dixièmes retrouvailles. Les langues se délient au rythme des chiantis sirotés. Je veux la rassurer, lui dire que j'ai changé, que j'ai grandi enfin. Mais cette boule de stress maintes fois refoulée me joue à nouveau des tours. M'engager ? Avancer ensemble ? Les textos pleuvent sur son téléphone. Ses amis et sa famille se demandent où elle a pu disparaître. Planqués au fin fond de la ville des artistes et des amoureux, on rattrape le temps passé en fonçant à dos de scooter. La pression me lâche de temps à autre et je profite du moment, l'enroulant de mes bras devenus dodus grâce aux pâtes et à l'abandon du sport. C'est la grande bouffe, on se remplit des images, de la nuit, des regards. J'essaye de ne pas craquer, de ne pas prendre la tangente, de ne pas me barrer une fois encore. Je m'accroche à l'espoir d'être enfin heureux, simplement avec elle. J'y touche, mais la pression de mon cerveau augmente à chaque baiser. Je veux de l'éphémère quand elle s'accroche à chaque caresse. Je reste muet, interdit, incapable de la rassurer sur mon silence. J'assume, comme font les grands, mon coup de téléphone quelques jours plus tôt pour la reconquérir. J'ai la volonté et je la veux.

On lit du Prévert au milieu d'un plat de charcuterie, on bouffe du fromage, on se remplit l'un l'autre de baisers pleins de miettes. Devant une platée de penne all'arrabiata, elle me demande de lui raconter des histoires. Mais celles qui me restent en stock ne sont pas racontables. Peut-être trop violentes, sûrement trop noires ou trop rouges pour qu'on les étale comme des contes de fées, ces anecdotes resteront bien gardées. Comme on dit : « Tout ce qui est dans le rugby reste dans le rugby. » Il serait temps de tenter d'écrire la suite de notre histoire avec un petit peu plus de rose et de sérénité plutôt que de ressasser encore et toujours le passé, non ? Elle aimerait lire dans mes yeux, à travers le vin rouge, que ce moment durera l'éternité. Au détour d'un cul sec et d'un baiser sourire je crois qu'elle y parvient. Elle me dit avec les yeux : « Je sais que tu ne triches pas, que tu galères dans tes névroses, mais je suis là. » Je pose les armes, je me laisse aller à croire que j'ai droit au bonheur, moi aussi, avec cette belle jeune femme aux cheveux noirs. Je m'imagine poète lui glissant des mots doux sous sa fenêtre avec ma harpe et ma culotte bouffante. C'est peut-être ça le bonheur, tout compte fait. J'aimerais lui dire qu'elle ne prenne pas trop vite conscience des choses, qu'elle garde son utopie, que ce que j'aime chez nous ne sont pas nos grands discours mais ses silences, nos engueulades, les vrais regards, sa tête dans mes poils d'ours à s'endormir, son sourire le matin.

Sur le chemin du retour vers Avignon, ma dulcinée dort à poings fermés quand je m'arrête sur une aire de repos pour respirer un peu et me soulager. Après avoir fait mon affaire, et tout en me lavant les mains, je lève les yeux et me retrouve nez à nez avec un type qui me reconnaît mais que j'ai du mal à resituer. « Tu veux ma photo ? » Le mec est imposant, le regard clair et les épaules bien larges. Un tee-shirt de vacancier lui moule les pectoraux et le ventre généreusement rempli. Un short à carreaux bariolé lui comprime les cuisses et je peux apercevoir que le bouton qui lui sert de ceinture manque à l'appel, laissant apparaître un bout de panse rond, mou et poilu. Il a fière allure et ne me quitte pas des yeux. Je fais un écart à droite pour me détourner de son regard mais il fait de même. À gauche, il me suit comme mon ombre. Je recule, il s'écarte, bousculant un vieux pépère qui manque de s'éclater sur un coin de cuvette. « Pardon », dis-je en me retournant vers le pauvre bougre qui se rattrape in extremis au rebord plein de pisse et de poils agglutinés à présent sur sa main droite.

Je fais volte-face. Mon adversaire est piégé. C'est mon reflet qui me fait face, sali par la crasse du miroir des toilettes. C'est moi. Moi tel que je ne me suis jamais vu. On dirait un vieux boxeur qui a loupé sa carrière et qu'on aurait plongé dans une barrique de rhum. Un matelot resté à quai pendant bien trop longtemps, une paupiette que personne n'a voulu acheter et qui est restée moisir sur l'étal du boucher. J'assume désormais cette image un peu grotesque. Je ne la fuis pas, comme je l'aurais fait quelques semaines plus tôt. Au contraire, je me regarde sous toutes les coutures, me pavanant aux chiottes de la station-service comme un top model face à sa glace. Les gens entrent et sortent excédés ou gênés par le spectacle. Je me suis cherché, longtemps. J'ai été blond peroxydé, percé, tatoué, les cheveux longs limite gothique à écouter Alanis Morissette et Kurt Cobain. À 20 ans, je me suis épilé comme un con, pensant que le poil c'était pas viril. Aujourd'hui, mes poils repoussent comme des mauvaises herbes. Je suis obligé de désépaissir le bordel à la serpe. Je ressemble à un grizzly, avec une queue de renard au milieu des pectoraux. J'ai été bodybuildé, chippendalisé, et rarement tendance dans mes tee-shirts XL trop petits, mis à part sur les calendriers. J'arrive à la trentaine et je crois que je suis à la mode de mon âge. J'ai de la bedaine. Il était temps.

Parmi les miens

31 juillet 2010

Une bouteille de rhum ambré accompagnée de ses canettes de Coca light. Le quatuor se réunit ce soir pour les 30 ans surprise de Pierre. Salim, depuis deux mois, n'arrête pas de me téléphoner chaque jour pour que tout soit impeccable. Depuis le 16 mai 1999 et cette putain de finale Reichel, chacun se déplace : naissance, mariage, anniversaire, on est là. Aujourd'hui est un jour important. J'achète quelques cuisses de poulet halal pour que le barbecue soit partagé par tous les potes, une trentaine selon les premières estimations. Un peu de saucisson pour la blague, trois cotillons et en avant. Je gare la voiture aux abords de la maisonnette de la famille Gérard. Pas un bruit ne s'échappe de l'intérieur. Pourtant, Salim vient de m'appeler pour me dire qu'il ne manque plus que moi. Étrange. J'ouvre le portail. Toujours dégain. Gonzague (Salim) ainsi que Rodolphe (Sébastien) sortent de nulle part pour m'accueillir. « Tu as fait bon voyage ? — Euh… oui… » On devait être trente et ils sont deux. « Vous vous foutez de moi, j'étais à 30 bornes les mecs, c'est pas comme si je venais de Paris. » L'un me sert un verre, l'autre me serre dans ses bras. Je tourne la tête et reconnais la Mégane verte immatriculée dans l'Oise. Pas le temps de faire le rapprochement que mes deux potes me tirent par le bras. Je me retrouve face à la terrasse de devant : mon père et ma mère, que je croyais en balade en Normandie entre deux chimios, Julie toute vêtue de blanc avec des plumes sur la tête, qui devait être à un dîner, Thérèse qui était il y a à peine vingt-quatre heures à l'autre bout du monde. À ses côtés ma cousine Caro sortie tout droit de son bar le matin même. Il y a copain Norbert et sa femme, Nico Fleu et sa petite famille… Je continue le tour de terrasse : Colette et Roland et Frédéri. Et Jérôme, mon Mila venu de Toulon après son match. Merde, merde, merde… Pas de mot, j'oscille entre larmes et bonheur. J'ai toutes mes époques devant les yeux. Pierre arrive un peu plus tard, me dit Salim. « Seb Moreu, Claire, Tahar et Thierry n'ont pas pu venir mais ils pensent fort à toi. Tes sœurs auraient aimé être là, mais… » Pas de souci, ils sont là, elles sont là.

Il faut que je me pose deux secondes, il faut je que boive un truc. Une bière m'atterrit entre les mains. Ça sera cul sec. « Bon anniversaire, mon frère », me chuchote à l'oreille Salim. Des gamins courent partout, des petits coups de vieux par-ci, par-là. Je vois défiler mes vingt-neuf premières années… « Flam ! », une nuquette pour me sortir de mes songes : Pierre vient de débarquer. Attendu comme la quatrième roue du carrosse, il endosse la tenue de rigueur ce soir : un marcel (le mien est rose fluo, nous sommes à croquer). Quelques flashes crépitent et les petits clans se forment. Ça tchatche, ça chambre, ça discute et ça picole. « Souffle ! » Joyeux anniversaire et le fameux discours. Je me lève et me place face à tous. Surtout ne pas craquer, tu es un homme à présent.

Je vois ma mère, fatiguée par la maladie. À côté d'elle, ce petit bout de femme que j'essaye d'aimer sans la former à mon image. J'ai porté l'une pendant vingt-huit ans, à jouer un rôle de grand. Je me suis senti responsable de l'autre pendant deux années, tout en fermant ma gueule par peur d'être abandonné. Putain de mutisme de l'homme-cicatrice. J'aimerais ne plus être comme ça.

— J'ai mon père et des grands frères, des sœurs aussi, des amis, une famille et un petit ange blanc à mes côtés, alors je ne vois pas trop ce qui pourrait m'arriver. Merci d'être là et d'être vous surtout ! Quand on arrive à la trentaine, beaucoup de nos illusions de gosse disparaissent. Je veux me responsabiliser, m'affronter et grandir, seul malgré mes proches. Merci à vous. Vous m'avez manqué…

Mon père ne me lâche pas du regard, fier dans son marcel jaune, sa coupe à la main qu'il lève en me souriant. Mes potes se cachent derrière leurs femmes pour ne pas faire voir leurs larmes. Je vois mes amis, mes frères, parents ou en couple avec leurs hauts, leurs bas, leurs mariages et leurs enfants. J'ai la vie devant moi. Je pense à ceux qui ne sont pas là et qui ont traversé un bout de mon aventure. Ça s'éclate dans ma tête. Il y a ceux qui m'ont soutenu dans la galère, ceux qui m'ont ouvert les yeux, ceux qui auraient aimé que je sois moins que plus, ceux qui ont eu peur pour moi, ceux qui étaient sereins, ceux qui ont eu peur de moi, aussi. Il y a de la couleur, il y a un trio, il y a des fratries, il y a du féminin, il y a du lourd, il y a du dossier, il y a de l'amour, de la fraternité, pas de comptes à rendre. Il y a du poilu, du ventru, du cheveu pauvre, il y a de l'islam, de la rousseur, du catholique, du débile, du tranquille, du posé, du rugbyman, de l'acteur, de la star internationale, du magicien, du metteur en scène. Il y a de tout ce que je suis et que j'aimerais être.

Des tas de gravats

13 août 2010

C'est la journée internationale des gauchers, c'est ma journée. En escale à Paris, je pars sur mon fidèle scooter noir et minuscule pour le coup d'envoi du premier match de Championnat de la saison du Stade Français. Je suis détendu aux abords de la porte de Saint-Cloud. Pas d'embouteillage… Pas de drapeaux non plus à la brasserie des Princes, ni même à celle des Trois Obus. Curieux. Je contourne le Parc des Princes : pas un supporter à l'horizon. Jean-Bouin est en vue. Des grues, des pelleteuses, mais toujours pas de rouge et bleu. J'entre par la porte principale en m'accroupissant. Je passe sous des grillages et au-dessus d'un énorme tas de gravats. Le terrain, les tribunes, il n'y a plus rien. J'entre la boule au ventre pour saluer le lieu de ma gloire d'antan.

Les tribunes sont à terre, la pelouse remplacée par un trou béant gît dans un coin à côté des poteaux démontés et des sièges disloqués. Je suis seul devant cette ruine, l'ancien théâtre des exploits sportifs du Stade. Des mecs énormes sortent des gravats. Des colosses recrutés aux quatre coins du monde. Argentins, Canadiens, Tongiens, Italiens, Picards, Varois, Landais et même des Ardéchois. Autogestion, états de crise, états de grâce, on rebondit ensemble. Le rugby français nous appartient. On est détestés dès qu'on passe au sud de la Loire. On est les bébés de Max, décalé et précurseur. La montée en puissance était inévitable, au rythme des fêtes populaires, des pom-pom girls et des hits à la Gloria Gaynor en fond sonore.

Je me fous au milieu de la crevasse, les bras le long du corps, les yeux fermés, la gorge serrée. Il y a des images qui défilent à toute vitesse – tout le cinéma de ma vie en rugby, un match sans début et sans fin…

… Domi et Franck Comba plongent ensemble dans le coin droit du terrain pour aplatir la gonfle. Mike James qui percute. Diego qui croise avec Franck, qui croise à son tour avec moi pour un essai entre les perches lors du quart de finale de Coupe d'Europe. Je revois Pierre toujours à foutre sa tête et ses épaules là où le pire des mecs jobards n'irait même pas foutre une godasse. Essai de 80 mètres de Nani.

… Je revois le petit Solal qui vient à peine d'apprendre à marcher et qui rejoint son papa Momo Blin en lambeaux au centre du terrain après une guerre menée contre une province lointaine. Quelques années plus tard c'est un petit garçon en larmes qui demande à son père à peine « remercié » en deux minutes chrono après onze ans de bons et loyaux services, pourquoi son héros n'est plus au centre de l'action… Ce n'est qu'un jeu, Solal, ce n'est qu'un jeu…

… Interception de Jérôme contre Montferrand et essai au même endroit que lors du match contre Swansea où je passe entre deux joueurs, les faisant exploser comme des quilles.

Je me revois arrivant sur le parking, à présent défoncé, en Porsche, en BMW, en Audi TT. Un vrai branleur se disaient les gens alors que je remontais la capote de mon cabriolet. Les tours de terrain après les matches, les entrées sur la pelouse, l'échauffement, les rituels. Les mi-temps dans ce vestiaire qui a disparu sous les décombres. Je crapahute dans les gravats, raffutant les pelleteuses. C'est dur de voir ce stade disparaître pour laisser place à un truc immense, moderne et métallique. J'appelle Jérôme : « Tu as vu Jean-Bouin ? J'y suis et c'est dur. » Un long silence entre deux nostalgiques. « Ça fait mal, me dit-il. C'est la fin d'une époque énorme. » Et puis un autre silence. Je raccroche et quitte définitivement cet endroit qui m'a vu naître et mourir. Pas de regrets après tout. Si c'était à refaire je referais tout pareil.

Ça fait déjà cinq ans que j'ai quitté le Stade, et même si ça me glace le dos, je me conforte dans l'idée d'avoir arrêté au bon moment. Je revois Max tel un empereur romain dans sa corbeille présidentielle. Je l'imagine admirant son œuvre, ses gladiateurs, ses dieux d'un stade tout rose et tout son peuple autour de lui scandant le nom de son club. Jean-Bouin résonne encore. Il lève le pouce en tournant la tête. L'empereur Maximus prend la température de la foule. Il baisse le pouce… À mort Domi ! À mort Momo ! À mort Bibi ! À mort Poulain, à mort les has been ! Christophe Dominici, viré après avoir été considéré comme l'icône du club. Les départs de Thomas Lombard, de Nani Corleto, dont ils voulaient la démission après quatre opérations et six années de sacrifices. Tous ces types partis dans l'ignorance totale. À l'image d'un employé commercial qui a fait tourner la boîte à sa manière et que l'on remercie avec une petite claque sur le derrière. Ce n'est pas le problème de l'oseille, mais celui de la reconnaissance. Elle est où ? Une proposition de reconversion ? Un repas d'adieu ?

Rien n'est organisé, que dalle. La page est tournée, circulez y a plus rien à voir.

À nous de nous retaper, sur nos propres gravats. Trop occupés par leur système d'entreprise à faire tourner, ils préparent déjà la saison d'après sans se soucier du passé. Il faut rester dans la lumière médiatique, recruter pour remplacer de vieilles bagnoles mises à la casse en plein milieu de la trentaine. Pas le temps de penser à l'humain, il faut renouveler le bétail pour faire venir le peuple. Voilà ce qu'on est… Je ne leur en veux pas à ces types, mais je les plains, c'est tout. Et j'ai de la peine pour ces soldats morts debout après avoir défendu le territoire parisien. Aller jouer ailleurs ? Le Stade Français c'est un club de cœur et c'est ça le rugby. L'important c'est l'homme et la juste reconnaissance des efforts fournis. J'ai envie de tout péter mais tout est déjà à terre. Ça me fait gerber. Je n'ai plus rien à faire ici. Putain de système qui a gangrené mon petit stade Jean-Bouin devenu ruine. On oublie son histoire, flamboyante mais si courte, comme on oublie l'individu et le groupe par simple appât de profit. Toujours plus !

Je respire un bon coup, j'attrape un bout de béton et le lance au milieu de rien en criant. Je quitte les ruines la tête basse, laissant derrière moi mes cicatrices enfin digérées. Je ne te dois plus rien. Je remonte sur mon petit scooter et trace à travers le périphérique, direction le stade Charléty, le nouveau lieu de rencontre pour le Stade Français. Je ne savais pas.

Je l'ai toujours suivie pourtant, depuis mon départ, mon équipe de cœur. J'y reviens quand même prendre ma dose d'adrénaline. Comme dans une putain d'histoire d'amour passion qui se finit, il y en a toujours un qui charge. La perte entraîne la haine, le dégoût de l'autre. Et puis, petit à petit il faut faire le deuil, ne plus rien attendre, ne plus espérer de signe, et rebondir. Je n'oublie pas tout ce qu'il m'a apporté de bon, ce Stade Français. Je ne suis pas aigri, je suis juste un survivant et j'ai encore envie de croire, malgré tout, en mon ex-président et à ses valeurs scandées dans les journaux. En attendant, ce soir, le club joue contre Bourgoin. Je viens juste prendre plaisir à être là, pour la première fois sans me foutre la boule au ventre. Je suis simple spectateur, supporter de mon pote et des types que je connais un peu. Le stade est à moitié plein et le spectacle au rendez-vous. Victoire 43 à 12. Youpi.

Il est bientôt 2 heures du matin, ma soirée commence. Les joueurs arrivent au Cabaret à mesure que la musique augmente. Les magnums de vodka défilent. Ma carte bleue reste bien au chaud au vestiaire. Ce soir, c'est la maison qui offre. Je ne suis plus joueur mais je demeure le gentil organisateur de soirée. On boit des grandes vodkas-Red Bull histoire de tenir la distance. Je fais mon vieux, à questionner l'Italien Sergio Parisse sur sa manière de vivre le rugby. Pas surpris, je reconnais en lui les valeurs des anciens. À mesure que les degrés attaquent le système nerveux, le cerveau s'emballe. Je lui balance que j'aurais aimé jouer avec lui, que cinq ans plus tôt, il est arrivé au club alors que je venais d'arrêter, et qu'en un regard je savais que je loupais quelqu'un. Je me tourne vers Julien Dupuy, un bon type, à l'ancienne, malgré ses 27 ans. Il est passé par Biarritz et Leicester. Il connaît le haut niveau et sent les bons mecs et la bringue. Il me raconte l'importance d'un type comme Pierre, devenu le vieux de la bande, et d'autres dont j'ai du mal à retenir les prénoms. À ses côtés, Djibril Camara et Mathieu Bastareaud, jeunes espoirs du rugby français et déjà stars (ça me rappelle quelque chose). Me voilà à leur transmettre mes erreurs à ne pas commettre.

En vieux con, je leur conseille de ne pas se perdre au milieu de l'argent et de la reconnaissance. Ils ont de la chance de jouer. L'un, blessé, m'écoute avec attention. L'autre est déjà un peu perché. Ces types recherchent en Pierre, en Julien, en Sergio, des référents. Ces mêmes référents qui m'ont fait avancer à l'image de Domi, de Diego, de Nick Mallett, de Franck Comba ou de John Connolly. Des rugbymans passionnés par la vie. Je leur parle de plaisir simple, de souvenirs vécus dans l'insouciance avant, juste avant de signer ce fameux contrat qui contraint à être à la hauteur chaque jour.

La boîte se vide alors que j'écluse ma dixième vodka-Red Bull, accoudé au rade comme un vieux con. Un jeune gars s'approche et jette des regards dans ma direction. Je le sens qui entre dans ma bulle. Timide, il me tapote l'épaule. « Vous êtes Raphaël Poulain ? — Alors, déjà le “vous” tu oublies tout de suite parce que je ne ressemble pas encore à une croûte. J'ai à peine trois ans de plus que toi… T'as quel âge, d'ailleurs ? — 19 ans. — Fatche… Ah, quand même. Bon, rajoute quelques petites années de plus, alors. — Je voulais juste vous dire que j'adore ce que vous faites… » Je lui réponds mi-agacé, mi-bourré : « Ce que je fais ? Mais bon Dieu, si tu connaissais mon quotidien tu ne dirais pas ça. Je suis en vacances forcées depuis plus de sept cent soixante-dix jours. » Là je me rends compte que je deviens aigri… « Excuse-moi, je suis un peu cramé. » Lui : « Pas de souci, c'est juste que je vous, pardon, je te regardais quand j'avais 10 ans et t'étais une sacrée machine de guerre sur le terrain et je trouve ça super-courageux que t'aies arrêté. » Je ne sais même pas pourquoi j'ai arrêté. Dans ma tête les mots « perte de confiance » s'entrechoquent comme des glaçons. Il reprend : « En fait, pour tout te dire, tu m'as remis une coupe au tournoi Communeau à Beauvais il y a sept ans. J'étais capitaine d'une équipe d'à côté d'Agen, j'avais 12 ans et tu m'as tendu la coupe sur l'estrade… J'ai failli me pisser dessus. » Je repars dans mes pensées ambrées. Me voilà sur le terrain à Beauvais sept ans plus tôt… Merde, je vais me mettre à chialer. Je me souviens d'avoir remis des coupes aux minots et je me revois devant Olivier Roumat, au stade de la Méditerranée, il me remettait une coupe, comme je l'ai fait pour toi. J'avais 12 ans, comme toi. Putain de cerveau… Je souris au jeune type et je lui tends la main : « C'était bien moi. »

Il me propose un verre, mais la fin de la bouteille de vodka est ancrée face à moi et sans répondre je lui sers une jolie rasade. Allez ! Cul sec ! Il avale la liqueur et manque de s'écrouler. Il reprend ses esprits et me demande, tout naïf : « Ça doit être génial de jouer au Stade Français, d'être connu, de gagner de l'argent et de baiser plein de nanas ! » Putain, le truc à pas dire. Ne t'énerve pas, Raphaël. Souplesse. Il ne sait pas. Explique-lui sans monter sur tes grands poneys. J'attrape un tabouret en manquant de partir à la renverse sur un néo-couple plein d'alcool. « Assieds-toi. » Ferme sur le contenu, souple sur l'explication, Moulin, tu ne vas pas me le traumatiser le jeune… Me voilà parti dans un long monologue sur les valeurs simples du rugby. Archaïque et démodé.

— Tu fantasmes, mon grand. Le rugby c'est pas ce que tu crois. Sois fort, sois grand, sois technique, tactique, physique et tu seras riche et connu… Tu crois que c'est ça la réalité d'un groupe ? Il est où l'humain là-dedans, bordel ? Il est où le plaisir de jouer avec tes potes ? On fait de toi une machine avant l'âge en te faisant croire qu'il faut être toujours plus fort ! Tu vas courir après toi-même, après l'argent, et tu te rendras compte un peu tard que toutes tes illusions ne sont que du vent. Tu seras nostalgique, à même pas 30 balais. Et tu seras seul. Voilà ce que m'a appris le rugby. Parce que quand ça s'arrête, y a plus personne. Seul malgré tes potes, ta nana, ta famille. J'étais comme toi. Inconscient de l'implication totale que nécessite une carrière. C'est un boulot, un vrai. Dur et éprouvant, mentalement autant que physiquement. Moi je voulais prouver, maîtriser, assurer à tout le monde que j'étais toujours au top du top. C'était pas humain. Alors j'assume, maintenant, mais à quel prix ? J'en ai voulu à la terre entière, à mon entraîneur, à mon président, à mes parents aussi mais, après tout, c'est moi qui suis responsable de tout ce qui m'est arrivé. C'est ça être responsable : accepter ses faiblesses. Je n'étais pas fait pour ce sport. Et ça me rend dingue. Une chose est sûre, plutôt que de rêver à être le plus riche et le plus connu, sache que t'es rien sans les autres, et peu importe la taille, le poids, la couleur et la grosseur de ta bite. Voilà ce que je pense de tout ce bordel. Un dernier truc, si je peux me permettre : rêve pas trop ta vie ou tu risques de passer à côté d'elle, à te prendre pour ce que tu ne seras jamais. Les héros n'existent pas, malgré ce que tu vois sur les affiches. Quant aux gonzesses, le jour où ton cerveau arrêtera de jouer avec tes couilles et qu'il remontera enfin se mettre au boulot dans sa piaule au grenier, tu commenceras à comprendre comment t'y prendre avec celles que tu admires tant.

Le gamin me fixe, les yeux écarquillés.

— Eh oui, mon petit, c'était ça mon rugby.

J'attrape mon godet pour un dernier cul sec. Je me retourne tout baveux. Le jeune loup a disparu. Je suis tout seul dans la boîte.

Le beurre dans le chocolat chaud

15 août 2010

Sur l'autoroute, je fais un petit signe à une église perchée sur une colline. C'est mon rituel, depuis onze ans maintenant, à chaque retour en Picardie. Cette fois il faut que j'y aille. C'est le moment. Je sors à Beauvais Sud et je tourne direction Warluis. Tiens, c'est ici que bonne-maman me laissait conduire sa 4L. Et là je m'éclatais en vélo contre un mauvais tronc d'arbre. J'entre au Val-de-l'Eau. Le village de grand-mère, sa maison, la voiture délabrée à côté du trapèze et de la balançoire.

Tu étais une championne de ping-pong mais je ne connais pas grand-chose de toi. Je me souviens de tes mains, de tes ronflements, de tes « hein ? » quand sifflait ton sonotone. Je me revois assis à la table du petit déjeuner chaque lendemain de fête, tartinant ce pain grillé si spécial et le trempant généreusement dans mon bol de chocolat chaud – du Poulain bien entendu. Et ce beurre gras que je laissais fondre dans le liquide marron pour observer les gouttes jaunes et épaisses se coller aux parois de mon bol à fleurs. Dans cette maison, il y avait l'histoire de la chèvre de M. Seguin. Il y avait les vieux jouets en bois de mon père et sa maquette de fusée sous son lit. Il y avait une voiture vieille comme toi et les balançoires qui lui volaient autour. Il y avait des enfants partout, il y avait toujours du monde. Et puis ce cercueil posé au milieu de la chambre où tu nous racontais des histoires. Cette grosse caisse en bois que je n'avais encore jamais vue. Je venais d'avoir 19 ans et je n'imaginais pas que tu pouvais partir.

Je reprends la route de mes premiers périples à mobylette. Warluis, Rochy Condé, Bresle, Saint-Rimault, Montreuil-sur-Brèche, et puis Noyers-Saint-Martin. Je me gare rue des Marronniers. C'est là que j'ai grandi. Les trottoirs où je faisais le con à mobylette, en frôlant les petites vieilles et les tracteurs comme un jobard. Il y a la boulangerie et ma boucherie, celle où j'avais claqué une boule puante qui avait flingué toute la marchandise. L'arbre-cabane, refuge de mon premier baiser. Le trajet de la ferme à chez moi où j'avais renversé le pot rempli à ras bord de lait tiède. L'arrêt de bus de mes premières clopes, le marronnier de la place du village où on a pris notre première cuite avec Luc. Plus j'avance et plus je vois les granges tombées une à une, remplacées par des alignements de maisons témoins. Je vois les mares se dessécher et les champs fondre.

À travers le grillage j'observe mon père qui joue de la contrebasse dans le jardin. Ma mère lui jette un regard de temps en temps. Elle aime ces après-midi d'août ensoleillés. Mes sœurs, souriantes, enceintes toutes les deux, discutent avec les invités venus nombreux. Le teckel est toujours vivant.

Ma mère me tombe dans les bras. Mon père me tape sur l'épaule et m'embrasse avec son regard d'enfant. Nous avons les mêmes yeux.

Après le repas, le café et son petit bout de praliné, je grimpe au grenier. Il y a mes vieilles Doc Martens bordeaux trouées, un tas de médailles glanées au collège lors de compétitions où je m'envoyais comme un malade. Les boîtes à maquettes de papa et des Lego tout bouffés. Il y a, planquées dans une boîte à godasses, une pluie de lettres d'amour signées Anne-Eva. Tout autour, des *Pomme d'Api*, des *J'aime lire*, les contes de Grimm, une Game Boy sans pile, ma première chaîne hi-fi, le clébard de Barbie et sa maison défoncée, encore habitée par ses mauvaises copines blondasses perfectionnées. L'une des poupées de Noup a les cheveux cramés, une autre est amputée d'une main, une troisième maquillée comme un tapin. On savait déjà que le monde était pas rose je crois. Le premier jogging à fermeture Éclair latéralisée de ma grande sœur Nif trône encore sur l'armoire. Les calendriers des dieux du string traînent leurs guêtres invisibles à côté de mon casque de moto design, relique d'un premier achat effectué avec ma paye des betteraves en 1994. Dans un carton j'attrape un vieux cahier de textes que je feuillette. Année scolaire 1996/1997. Institution du Saint-Esprit. J'ouvre. En ouverture de ce chef-d'œuvre, au feutre noir : « *Kurt Cobain is dead since 1994.* » Aucun devoir n'est noté mais des images, des cœurs mal dessinés, des insultes pullulent à mesure que l'année défile. Et puis une feuille pliée en quatre est collée sur la dernière page. Je déplie avec délectation et redécouvre le monologue de *Trainspotting* que je scandais. Rajouté à la main dans un coin à la suite, il y a écrit au stylo-plume : « J'ai 16 ans, je fume pétard sur pétard, je claque des bangs et bois des Kro et des 33 à l'arrêt de car du village. Je suis un jobard et je vous emmerde. » Voilà qui annonçait de belles années.

Des affiches de matches mal enroulées laissent apparaître mon évolution physique durant sept années passées au Stade. Il n'y a aucune agressivité dans mes regards. On dirait un poulain qui saute partout, heureux d'apprendre à gambader. Je cavale comme un minot inconscient de l'immensité, de l'absurdité, de la sincérité et de la violence de ses gestes. J'ai créé ma vie en balançant des ruades. Je souris.

Au coin d'un carton de décorations de Noël je tombe sur une malle en cuir bouffée par le temps et remplie d'une flopée de photos d'époque. J'en attrape un tas. Un moustachu guindé, daté de 1900, sûrement un très grand-oncle, me dévisage l'air sévère. Des vieilles rombières aux chignons trop serrés posent nonchalamment. Ma grand-mère maternelle et ses sœurs discutent autour d'une table en fer forgé dans un jardin. Sûrement à Crécy-en-Ponthieu. Mes sœurs avant ma naissance sont déjà en train de se crêper la tignasse. Mon père, les cheveux longs et la barbe au vent, dans une vieille bagnole au Val-de-l'Eau avec ma mère à ses côtés. Roger Capet, à la chasse avec son teckel, a une classe rare dans ses bottes d'agriculteur. Je le retrouve à son mariage sur un tirage couleur crémeuse, avec ma mamie accrochée à son bras. Ma mamie maternelle avec moi tout blond et tout bouclé sur ses genoux et toujours ce papier peint flashy. Je suis sûr que ça reviendra un jour à la mode ces grosses fleurs orange et rouges.

Regarder tous ces gens me libère. Je respire mieux. J'imagine, j'interprète, pour comprendre un peu ce que je trimballe depuis tout ce temps. Changement de décor. Je voyage avec la photo d'identité de mon grand-père paternel, celui qui est parti au bout du monde en Indochine, abandonnant les siens. Je crois que si je t'avais connu je t'aurais appelé « Papé ». Tu avais sûrement tes raisons mais je t'en ai voulu d'avoir lâché mon père. J'ai dû te remplacer. J'ai dû grandir d'un coup pour l'aider à vivre ce qu'il n'avait pas vécu avec toi. On s'est portés mutuellement, sans toi. Je ne t'en veux plus, c'est dur de devenir un homme et d'assumer. Une dernière chose à te dire : avec ses armes, ton fils a assuré et j'ai bien l'intention d'en faire autant.

Les petites boîtes à bijoux n'ont pas bougé de la chambre des parents. Il y a encore une pièce de 10 francs dans un bibelot transparent. Tiens, je t'avais pas volée, toi? Je m'assois sur leur lit et je me mets à leur parler tout haut. « On a traversé ensemble des bonnes grosses galères de blessures, de maladie, d'engueulades. Au moment où chacun doit, normalement, vivre sa vie et quitter le cocon familial, nous on avait le rugby qui nous réunissait. Au lieu de se voir pour les anniversaires et les enterrements, nous avions mis en place un rituel bimensuel autour du rugby, qui nous permettait de retarder l'échéance du chacun vit sa vie. » J'avoue que maintenant, même si ça me tue de savoir que vous n'êtes pas éternels, faut que j'y aille, que je vive ma vie sans avoir l'impression de laisser mon âme ici…

Je monte sur leur lit. Enfant, j'y jouais au trampoline à essayer de toucher le plafond. Avec mes 100 kilos de maintenant, si je tente quoi que ce soit je vais me retrouver 3 mètres plus bas dans le salon après avoir traversé le plancher. Fini de faire l'enfant. Oui, il faut grandir… Mais c'est si chouette ici… Pourquoi je peux plus raconter des conneries comme un gosse? Avoir un bisou? Courir à poil dans la rue? Voler des bonbecs? Balancer des bombes à eau? Construire une cabane…? Comment je peux faire aujourd'hui pour rassurer mes parents? Je crois que, tout petit déjà, je voulais les protéger. La nuit, je descendais les escaliers quand tout le monde était couché. Je vérifiais chaque soir si toutes les portes de la maison étaient bien fermées à double tour, placards compris (pour enfermer les fantômes). Je vérifiais aussi si le gaz était bien éteint et je remontais me coucher. La maison pouvait s'endormir sans crainte. Une forteresse imprenable, tout mon petit monde était protégé. Ouais, bon, il est temps d'être raisonnable, mon petit poulain, et de penser à toi. Tu ne peux plus faire comme avant. Si t'as confiance en toi, t'as plus de raisons de t'inquiéter pour eux.

Je ferme la porte de mon enfance et, sans le dire à personne, je vole la clé que je cache au fond de moi, histoire de revenir y jouer un peu, de temps en temps.

Le chien de mes parents est allongé sur le palier. Il a 4 ans, donc à peu près mon âge, si on multiplie par sept. Il n'est plus le jeune chien fougueux qu'il était il y a quelques années. Il a l'air triste et nostalgique lui aussi du temps où il gambadait dans le jardin. Il joue encore un peu mais l'envie n'est plus là. Il est las et dort tout le temps. Rester un gosse, ça demande des efforts.

Oui, moi aussi j'ai vieilli en un instant. Avant, je roulais à 200, je vivais à 2 000 et je me battais sur les boulevards. Maintenant, je me chie dessus en passant à l'orange. Je klaxonne quand ça bouchonne, avec le troupeau. Le temps m'a filé sous le nez.

Je décolle

16 août 2010

Il y a du bruit en bas. J'entends les cris et les embrassades. Je me lève et enfile la vieille robe de chambre de mon père et descends l'escalier. Il fait beau dehors. Je souris en entrant dans la cuisine. Ma sœur Noup, ma sœur Nif et mes parents, mes beaux-frères et mes trois nièces sont assis autour de la table et scandent en chœur : « Bon anniversaire. » 30 ans… J'ai survécu et ils sont tous là, le sourire aux lèvres au petit déjeuner. Des croissants tout gras, des grandes baguettes, du chocolat Poulain, du beurre bien jaune. Je prends mon pied en beurrant mes tartines. Tiens, mon père a du jaune d'œuf dans la barbe. Je suis toujours à cette place face à la glace mais il n'y a plus de Narcisse. Je sens une nouvelle force en moi. Pourquoi ? Je n'en sais rien, je ne me pose plus de question.

Un petit discours avant de prendre l'air : « À vous, mes sœurs, qui m'avez fait découvrir l'amour fraternel, je vous dois ma sensibilité. Ne pleurez pas, vous avez l'air heureuses. Nous avons eu une belle enfance ici tous les trois et vous faites partie de moi. À toi, ma mère… » J'ai du mal à parler alors que tout le monde renifle et se mouche discrètement dans la nappe et les serviettes. « À toi, ma mère. Couper le cordon est la chose qui fait le plus peur. Le couper une seconde fois est pire encore mais salvateur. Je t'aime. À toi, mon père… » Je le regarde. Il a toujours son jaune d'œuf dans sa barbe et son œil rieur. Il me fait un clin d'œil et c'est reparti : « À toi, mon papa ! Tu m'as suivi discrètement. Tu ne m'as pas poussé comme ces pères qui hurlent leur frustration au visage de leurs fils sur le bord des terrains pour en faire des héros, parce qu'ils ont ce goût amer d'être passés à côté de leur propre vie. Tu m'as laissé faire mes expériences. J'imagine que ça a dû être dur mais je suis bien vivant et si c'était à refaire j'y retournerais pareil. Je sais que tu es fier de moi. Et je suis fier de toi. On ne s'invente pas père et tu l'as été dès le début. Je t'aime. »

Pieds nus et en slip Superman, je me pose sous le marronnier centenaire, assis sur la vieille pierre où je jouais à Zorro, à 6 ans, sauvant la veuve et l'opprimé en sautant de branche en branche. J'ai combattu mes ennemis imaginaires à travers ma campagne sur mon fidèle destrier BMX. J'ai sculpté mon corps pour affronter les démons de ma vie. J'ai porté mes parents à travers les terrains de France, défendant les couleurs de Paris et de ma Picardie. J'ai bombé le torse, les épaules en avant. Je me suis formé au fil des cicatrices. Ma culotte bleue et ma tunique rouge transpiraient la fierté. Je distribuais du rêve et des fantasmes sur des calendriers en papier glacé. Le peuple venait en nombre assister aux combats des gladiateurs. La nuit, je me transformais en bête de scène, féroce, avide de conquêtes, de pognon, de virilité et de reconnaissance. Je me suis battu, j'ai éclaté des types et je me suis fait fendre à mon tour par mes propres coups et tout l'alcool ingurgité. Je suis revenu chaque fois de mes blessures, persuadé d'être plus fort. Et puis je suis mort à petit feu. Une victime à moitié civilisée. Je me suis cru philosophe. J'ai voulu tout comprendre. Je suis rentré chez moi, au fond de mon canapé. J'ai accepté mes défauts, mes erreurs, je me suis rendu humain.

Je pars dans mes pensées pour rechercher mon dernier bon souvenir d'avant, juste avant que la machine s'emballe. Ce sera les Reichel. Je voyage en moi pour retrouver les bonnes sensations. Je revois chaque foulée, chaque effort, et le bonheur d'être juste là. C'est ce sport-là que j'aime. Je rouvre les yeux. Je sautille au pied de l'arbre. Ça me démange. J'ai le sourire et pas de regrets. Je comprends ce qui s'est passé. Mauvaise motivation, trop vite, trop fort, je n'avais pas les armes que je maîtrise aujourd'hui.

Plus besoin de ces achats compulsifs à la con ni de la musculation à outrance. Je comprends l'angoisse, de l'abandon, et toutes les croyances qui m'ont si longtemps tétanisé. Je suis un nouveau-né capable de tout ! J'équilibre la machine en accouplant corps et esprit pour éviter de subir encore mes coups de gueule, mes coups de sang, mes états d'âme et mes silences.

Au milieu de mon jardin, je deviens mon propre héros après m'être bouffé tout seul. Je suis un gosse, un petit prince en fin de carrière. Mes ailes ont repoussé, elles sont grandes ouvertes à présent. Je suis prêt. Un battement d'aile, un deuxième, je décolle et je tournoie autour de la maison. L'horizon se dessine face à moi. J'ose une accélération aux abords du marronnier, sans craindre les parois invisibles qui m'ont tant de fois empêché de partir. J'y crois. Je transperce mes peurs en fermant les yeux. J'accélère. Pas de choc, pas de chute, je franchis le cap. Mon horizon est vaste. J'y suis arrivé. Un gamin de 2 ans aux bouclettes blondes avec une cape de superhéros au cou et les yeux bleus ronds comme des soucoupes s'agrippe fermement à mon slip. « Accroche-toi, mon petit poulain. » Je vois ma maison qui rétrécit à mesure que je me laisse porter. Je tourne au-dessus d'elle, je prends de la hauteur. J'ai toujours eu les chocottes du vide, j'ai toujours craint de ne pas tout maîtriser. Ça y est, je lâche prise, j'oublie d'avoir peur. Je suis un enfant de 30 ans plein de faiblesses et fort comme un homme. J'ai recousu mes plaies.

Remerciements

Famille : à mes aïeux, à mes parents, Frédéric et Catherine. À mes sœurs Fanny et Perrine et leurs enfants, Zoé, Mia, Lili et ceux à venir. À Vanessa, ma sœur adoptive, et ses filles Léa et Anaelle. Félicitations à leurs maris Hervé Thomas et Jérémie, bien sûr (les courageux. Ça va, je rigole…). À ma cousine Caroline et son frère Hugues, Camille Camard, les Gervois et tous les autres. À mes oncles et tantes : Armelle et Guy, Maryvonne et Francis, Annie et Hubert, Andrée et Loïc. À Colette Roland et Frédéri Bonnet de Villario, ma famille provençale, mon repos à La Malgue, où j'ai souvent posé les armes. Merci à Catherine et Michel Clauzade et leurs enfants, Maud, Marine et Jovien, ainsi qu'à Mimi pour leurs amitiés familiales. À la famille Clozier : Jean-Claude, Sandra, Liam et Lucie ; la famille Tébani ; la famille Gérard Dubois ; la famille Glavany ; à Dany ; à la famille Moreu : Sébastien, son père Alain et sa mère Roseline (Ozi) et leur Saint-Tropez.

Amis : à Luc Clozier (docteur quenotte ou bétail), Emmanuelle Vallat, Jules et Charlie et… à Eugénie Jamy, dite Thérèse : merci d'être là et d'être toi, Cédric

Monatte, Nicolas Havette, Norbert Legoux, Jérôme Fillol, mon mila, Muriel Sauret et Léon, Claire Di Carlo (ma chèvre bidon), Tahar Rahim (le daim), Sébastien Moreu (mon bon).

Les Reichels : Pierre Rabadan (Kelly), Salim Tébani (Gonzague) et Sébastien Gérard (Rodolphe), mes trois grands frères, Matthieu Blin (Momo), oh capitaine, mon Capitaine, Matthieu Glavany (Francis), mon proto, Matthieu Laporte (Portela), Laurent Marticorena (Guy), Sylvain Jonnet (Michel), Pierre Nassiet, Philippe Duhamel, Christine Duhamel, Laurence Lavernhe (las dos madres parisiennes), Antony Rosel (Tonton), Cédric Lefranc (Franleux), Gilles de Chalvron, Nicolas Fleury, Amaury Planchenault (la Planche), J.-C. Corrèje, Nicolas Raffault (Bernard), Jérémie Foissac (foie keusse), Benoît Jezequel (Tata), Jean Benel (dirijean Benel), François Mounier, Antony Bonnin, Sandro Die Tos, Thomas Hée (Rodriguez père et fils), Julien Pichot, Antoine Raby, Jean-Benoît Briandet, Mickael Balat, Nicolas Lalande, Fred Barthe.

Mais aussi Christophe Moni (Mino), Hervé Dias (ami banquier et chanteur), Thomas Lombard (saint Patrick), Gilles Amadéi (le roi de la nuit), Hervé Chaffardon (mon Chaffard), Sylvie Sadoule, Ignacio Corleto (la Concha et ses pulls en lama), David Auradou (Bibi), Franck Comba et Christophe Dominici (mes kings), Serge Kampf, Jean-Pierre Rives, Rémi Martin, Alex Marco, David Skrela, Miroc Mauro Bergamasco, Augustin Pichot, Gonzalo Quesada, Greg Mahé, Christophe Gaspéri, Benoît Cabello, Jean-Martin Hernandez, Fabrice Landreau, Julien Arias, Sabri Ben Hassine, David Attal (le Sconse) Mémé Guérinot, Benoît Auguste, Laurent

Emmanuelli, Arthur Gomes, Diego Dominguez, Karine Darmon, Pablo Lemoine, Rodrigo Roncero (Belotte), Mike James (Pain de cake), David Duchamp, François Dhumes, Alain Elias, Stéphane Glas, Thibault Dubois, Christophe Laussucq, Jacques du Lézard, Monsieur Paul Coutarel et sa femme Brigitte, Alexandre Audebert, Jérôme Launet, Richard Boringher. À tous les Barbarians.

Benjamin Kayser, Armelle Glavany, Jean-Marie (dit le Rilou), Thomas Glavany (ma noix), Arthur Garrigues, Pierre et Victor Robert, Clément Wattier, Philippe Guillard (Laguille), Antoine Maffre (le Libertin ou Tonton), Nicolas Barbier, Sébastien Lemonnier, Matthieu Rouleau, Audrey Delcure, David Hansard, Juliette Lambert, Ludovic Iriarte (Boulet), Nicolas Theismann, Aurélien Drach, Nicolas Diego (la Quenelle), Pef et Adrien Le Calvil, et toute l'équipe de l'ESRA, Anne Eva Geffroy, Romain Jouret, Olivier Brouzet, Gregory Coudol (Cou de biche), Sylvain Marconnet, Pousse-au-crime, Amanda Lear, J.-B. Dimartino, Cyril Moisseron (Crayon), Julien Peyrelongue, Sophie Glavany, Florent Peyre, Cédric Baudoux (la vache Marguerite), David Venditti, Isabelle Adjani, Pascal Nègre, Pablo Ledesma, Sergio Parisse, Julien Berthe, Jean-Marc Samanos, Sébastien Davidovichi, Moudine, Virginie Blanc, Yannick Larguet, Alexis Savigny, Laurent Travigny (Latrave), Nicolas Leroux, Marc Maire, Bertrand Delanoé, Marie Minair, Christophe Juillet, Raphaël Jechoux, Maud Jurez, Romain Tissot, Éric Blanc, Jacky Lorrenzetti, Arnaud Vercruisse, Aurélien Drach, Benoît Papin, Paul Healy, Julie Bailon, Michel Diaudé, Olivier Diomandé, Thierry Gilardi, Paul Laussucq, Aziz Lackal, Fred Franzil, Juan Badot, Max Guazzini, Jeff Dubois (du Wood del Bosque), Enrico Navarra, Jean-Claude

Skrela, Stéphane Trémoulu, Cédric Chaubeau, Paki, Grégory Coupet, Antoine Maffre, Jérôme et Angeot Brigato, Jo Crabu, Julien Dupuis, Dominique Besnehard, Yves Lenormand, André Gruel et tous les juniors de Beauvais. Bernard Benabdallah, Cooper Hallimi, Didier Fontes, mes cinq profs de théâtre du lycée, Audrey Blanchard, Frédérique Darricau, Fabien Roussel, Thierry Harcourt, Régis Wargnier, Thomas Touroude, Véronique Valette, Xavier Brunet et Joël, Pierre Berbizier, Marc Alloin, John Connely, Nick Mallett, Bernard Laporte, Fabien Galthié… À tous les mecs avec qui j'ai partagé un bout de pelouse, coéquipiers et adversaires. Julien Chokini, Geoffrey Abadie, Lolo et Mague du Divin, Charly, Djibril Camara, Salomon Sami (belle rencontre), Paul Healy, Steve Meehan, Clive Kaye et la grande famille Délabre. À tous les supporters de Paris et d'ailleurs (sans rancune, c'est qu'un jeu après tout).

Et bien sûr mille mercis à Antoine Audouard et Suzanna Lea, mes agents littéraires, qui m'ont permis de rencontrer Thomas Saintourens (qui lui-même tient à remercier Sophie pour son soutien). Merci à lui pour nos écrits rédigés à quatre mains pendant une année. *Show, don't tell.* Merci à Antoine Caro et Charlotte de Prémare, des Éditions Robert Laffont, pour leur patience.

À mes éveilleurs de conscience : Armelle Gérard, Victoire Theissmann, Nicole Acknin, Richard Escot, Raphaël Mayeux, Manuel Aguila et les auteurs Jung, Rufo, Hefez, Ferry, Sartre, Spinoza, Walshes, Corneau, Onfray, Krisnamurti, Nietzsche, Cyrulnik et les autres qui m'ont bien retourné le cerveau, qui m'ont permis de comprendre pas mal de mes névroses dodues, et de regarder en face les milliers de rôles de héros joués tout au long de ma vie. Vivre des livres délivre.

Merci à Provale (Syndicat des joueurs de rugby professionnels), à l'agence XV, à Adibilis Sport, à Global Training et Écosport pour leur soutien.

À Julie Coutarel, qui m'a soutenu pendant ces trois années. Merci pour tout son amour, sa passion et sa patience…

Table

Cet ouvrage a été composé et imprimé
en août 2011 par

FIRMIN-DIDOT

27650 Mesnil-sur-l'Estrée
N° d'édition : 51746/01
N° d'impression : 105458
Dépôt légal : septembre 2011

Imprimé en France